恣意性の哲学

四方一傷
Ikkei Yomo

人間……才気溢れるのに、愚かなことをしでかす生き物
——わがままで「恣意性」に満ちた生き物

はじめに

　諸外国と較べれば、日本は安全安心の点ではまだましと言えるであろう。しかし犯罪の面ではそうであっても、例えば受動喫煙などのような、加害者と被害者が複雑に絡む状況でエチケットレベルを超えてしまうと、問題が色々と発生するようになる。確かに室内では明らかに喫煙者に非があって、非喫煙者に何らの非もないことから、タバコの被害に関する訴えに異を称えるのは難しい。しかし屋外になると個人レベルの問題にもかかわって、事態は複雑化し問題が発生する。というのも、いくら嫌煙家と言っても、屋外では彼等の権利主張が行き過ぎになって、トラブルになることがあるからだ。

　例えば、隣の店の駐車場でお客が吸うタバコの煙が気に入らなかった嫌煙家の話を聞いたことがある。そこは大空の下である。しかも自分の家の敷地外にあたる。それでもその人は煙にむせて苦しくて耐えられないと、そこの店主に文句を言いに行って、客にタバコを吸わないように言えと迫った。しかし外の駐車場である。これを規制する条例がないと店主が答えても、「嫌煙権がある」と言ってきかず、「あなたの店の駐車場だから、あなたが客に言え」としつっこく店主に迫ったとか。

あるいは同様に犯罪未満のケースになるが、後で触れる欅《けやき》の葉の騒音でトラブルになったという事例がある。この場合、争点となっているのは音の問題であって、結局は個人的な聴覚が鋭いかどうかの問題に帰趨《きすう》して正当な判断は難しいはずなのに、ただ、クレームをつけた側が利己的主張を通して終わったという。

こうした個人的で利己的な言動が蔓延《はびこ》って世の中に影響を及ぼすからか、犯罪にしても元首相の暗殺や現首相の殺害未遂といった凶悪な事件まで起きている。犯罪の性質が以前より違ったものに変わってしまい、これまでとは質が違う騒々しさが世の中に出現し、対応に苦慮するようになっている。

この騒々しさを加速させるのに、スマホの普及も一役買っていよう。匿名で何でも言えるプラットホームが出現したせいで、書きたい放題になった挙句、誹謗《ひぼう》中傷による犠牲者も多数出ている。なぜこうした書き込みが流行るのか。「何を言っても構わない。道徳なんてくそくらえ」と公言する輩《やから》が幅を利かせて、公的規制を無視出来るかのように錯覚する者が増えたことに加えて、これをしきりに煽《あお》る者が現れたのも一因に挙げられるだろう。

もう一つ、政治の曖昧《あいまい》な不確定さにも要因がある。右とか左とか中道に分かれるのは良いにしても、一方では空想的で現実に根差したロジックでないことばかり主張して、他方では旧態依然のまま政治のやり方を変えようとしないので、両者間で話し合いの調整が付かない。これでは国の方向性が曖昧なままで定まらない。それもあってか、今は政治に全く期待しないとか、愛想を尽かして関心がなくなった政治離れの人達が増えてしまった。結局、生活さえ出来れば政治なんてどっちに転んでも自分に関係ないからどうでもいい、となるからだ。逆に言えば、こうした人々の傾向それ自体が、行く末も定まらずにさまざまな問題を生じているこの国の状況の一因になっていないかとの危惧《きぐ》も感じざるを得ない。

何故かというと、国全体では老若男女、貧しい人も富める人もみな国の中の一員であって、こうした全ての人々がどう考えるかの傾向が、たとえ一人一人では力がないとは言え、纏《まと》まると国全体の気分を醸成して動かすようになるからだ。もしかすると、人々がこうした動きに無関心だからこそ、問題の解決に当たたろうともしないのではないのか。というか、良くも悪くも人々の傾向が纏まると、その方向に国は行ってしまう。例えば多くの人々が政治なんてどうでもいいと思えば、政治を変えることは難しくなる。結果として、人々が政治に全く無関心になれば、統治は政府当局に任せっきりの惰性的なやり方になり、やがてどうしようもなくなるのは自明のことだ。

国として一旦は世界に覇《は》を唱える豊かさを手に入れたものの、ここ三十年間は経済成長が滞り、労働者の給料は全く上がらなかったのに、一部の富裕層はより豊かになって貧富の格差は広がった。まさに、国民の政治への無関心がこの状況を生んだとも言えるのではないのか。国を動かす政治家を選ぶのもまた国民であって、国を動かしているのは決して政府当局だけではなく、多くの人々である。なのに政治に関与せず、変えようともしないことが、ブーメランのように人々を襲い、やるせない不満だけが溜まったのではないのか。もっと問題なのはこの鬱憤《うっぷん》を政治に向けるのではなく、身近なスマホの書き込みに向けてそのはけ口にしている人々があまりにも多いことだ。

「どうして政治に無関心な人々が増え、一部にせよ、ここまでしたいようにする利己主義が出現して騒がしくなったのだろうか」との問いには、「そりゃあ、当たり前さ。モノが溢れるようになって飢える人が減り、その上、直接の助け合いの必要性が薄れたことで他者への配慮無しで独りでも生きていけると思うようになったからみんなバラバラになり、社会を不活性化させているのさ」と答えるのが一般的だろうとはいえ、果たして本当にそうなのだろうか。昔の共同体社会からシステム化社会に変わると、何でも自由に「言ったり、行為したりしてもいい」ことになるのだろうか。

確かに、人の社会にはそうした自由な言動が許される部分もある。だが、自由を行使するにはそれなりの責任が付いて回るはずだ。にもかかわらず、ここまで規制や慣習を無視するようになったのは、人々がわがままになったからであろうか。先に述べたように、スマホ等での身勝手で意地悪な書き込みやちょっとした非難が炎上まで行って、自殺や殺人を呼び込む所まで行くのは、どう見てもわがままが行き過ぎて狂っているとしか言いようがない。そして、その書き込みをしたのも、そのプラットホームを作ったのも「人」なのだ。

こうした混乱を避けて人の社会を持続させるために、何らかの禁止や制限が必要と考える人も多くいる。というか、もし恣意的《しいてき》な言動を取りたいのなら、せめて匿名でなく堂々と記名で責任の所在を示すのが当然との意見も多い。その一方でこんな些細な書き込みまで禁止するのは自由や人権の侵害であって行き過ぎだと言う人や、これこそは弱者にとっての反抗手段の一つだと言い出す人もいる。だが、もしネットやＳＮＳへの書き込みが「弱者の意見」とするならば、己よりも強い政府や会社のＣＥＯ等へ言うのなら匿名で書くのも分からないでもないが、一般人が弱者に対して匿名で書いたとしたら単なる苛《いじ》めでしかなくなる。いくら様々な意見を言えるのが現代であっても、匿名の隠れ蓑《みの》の中に身を隠し、弱者が襲われようが自殺しようが無関係な安全地帯で言いたい放題を言っているのなら、それは弱者の反抗どころか、卑怯そのものと言えるのではないのか。

実際に集団として成り立つにはさまざまな規制が必要であって、「何を言ってもいい。してもいい」というのはあり得ないことだ。法律や道徳も、その規制の一種ではあることは間違いない。ただし、これらを時の政府や既得権益層が都合のよいモノに拵《こしら》え直し、人々を支配する道具にしてきたのは歴史が示す通りである。とは言え、法律や道徳が「必要悪」であるのもまた確かなのだ。

いずれにしても、現状の混乱原因が何処にあるのかについての問題提起として、ここで筆者が取り上げたいのが、「恣意性」という言語学上の用語である。たとえこの言葉は聞いたことがなくても、「恣意的なモノ」といった使い方に近い意味合いなのは容易に想像出来よう。しかしそこへ「恣意性」とはまさに人の特性であって、人の社会を発展させてきた要因であると畳み掛けられたら、さすがに違和感を覚え、「そんな馬鹿なことがあるものか。そこまで言えるのか」との反論が当然出てくるはずだ。「いいかい、恣意的にやりたいようにしていたら、統制が取れなくて社会は混乱する。恣意性のプラス面を強調し過ぎると、現代社会が規制で何とか回っているのを説明出来ないぞ」と怒鳴られるだろう。

実際、「恣意性」という言葉には馴染みがなくて聞いたことがない人も多いはずだ。事実、私もその中の一人だったが、一九八〇年代に『ソシュールを読む』（丸山圭三郎著）と出会ったのを切っ掛けに身近になった。無論、それまでは「人とは何か」と問われれば、「他の動物と違い理性を持つ存在」であって、時には情動に任せる時があっても、筋を通して進展してきたから人の社会がここまで来たと考えていた。なのに、人の特性が「恣意性」に基づくとまで論を展開したら、ここは異世界にでもなってしまうのではないのかと。

事の始まりはバブル期だったように思う。一九八〇年代当時は戦後の新しい社会体制が何とか機能して経済バブルになり、後半は弾けかけたものの、やりたいようにするコトがちょうどこの頃から流行りだした。これは以前の共同体社会からシステム化された社会への移行がかなりまで進んでいたからだが、移行には齟齬《そご》が付きもので上手く移行が出来ないままの妙な自由空間が生まれ、人々がわがままで利己的な言動を示し始めたのだ。

こうした世の中の雰囲気を敏感に捉えたのが、感じやすい若者達であった。これを今迄の共同体社会における厳しい規制からの解放と捉えて、したいようにする人を時代の先を行くヒーローとして憧れて真似するようになったのだ。中学高校では授業中なのに先生を無視して大声で私語を交わしたり、また外へと遊びに出てしまったりといった、授業すら出来ないような荒廃が全国に及んだ。また少年達が路上生活の老人を世の中の役に立たない人間だとして襲って撲殺する事件も起きた。

現実を見る限り、世の中が妙な方向に向かいだしているのを人々は一概に否定出来なかったものの、なかでも衝撃だったのが一九八八年に起きた殺人事件だった。何処にでもいるヤンキー連中が一人の女子高生を何日間も嬲《なぶ》っている内に殺してしまい、ばれるのが怖くなったのか、コンクリート詰めにしたのだ。加えて、一階には両親がいたのに、二階で何をしているのかに無関心で全く感知していなかったことに人々は仰天した。

とにかく、異様な欲望からの利己的行為が目立ちだし、「やりたいように振る舞う」「己の思うがままに言ったり、行動する」ことが横行しだした。どうしてこんなことが起きるのかと考えれば考えるほどわからなくなる。「いくら少年とは言え、たまたま理性を無くして事件に及んだ」にしては残酷なコトをし過ぎる。不良達であっても、何処にでもいる連中なのにそこまで悲惨なコトをするのかと。やはり人の本質が恣意的にやりたいようにすることでなかったなら、ここまでするのは不可能でないのかと。

とすれば、社会の移行が上手く行かなくて乱れれば、元々が人は「恣意性」を持つ存在だから、したいようにする恣意的な行為が出て来るのではないのか。そうだとすると人の特性が「恣意性」だからこそ、凄惨な事件を起こすのではないか。

それならば、人を語るには「理性」より「恣意性」の方が適切ではないのか。今迄自分が行っていた世界認識とは全く違う視点になるものの、こっちの方が適切だとの思いに至らざるを得なかった。「そうだ。これだ。時代が『恣意性』を呼んでいる」と思わず叫び、興奮を抑えきれないままに再び読み返しを始めた。それからはソシュールの本を買い集めての格闘が始まった。繰り返し読み直しては数日間を過ごすという、経験したことがない事態が繰り広げられた。

一方で冷静に考えれば、言語学者ソシュールは「恣意性」を単なる言語学の用語として使っているだけで、それ以上のことは述べていないのではないかという気もしてくる。だが、読み返す度に言語のみならず、人や人の社会にも当て嵌《は》まりそうにも思える。確かに人は殺人や戦争のようなとんでもないコトを起こしはするが、他方では恣意的(意欲的)に社会を発展させてきたという歴史的経緯がある。要するに「恣意性」は両面を持ち、良いコトも悪いコトもしてきたのではないかと。

すなわち人には「恣意性」が根底にあって、悪い方にだけでなく良い方にも向かったと。

しかも日本では共同体社会からシステム化した社会への移行に伴い、たとえ豊かになってもシステムに不備があつて、隅々まで機能しないことから齟齬が生じ、恣意的な行為が発生する隙間が生まれたのだと。それならばこれからはもっとその類の事件が起きる可能性があると考えた。悪い予測は当たるもので、通り魔事件のような無差別殺人がその後、幾つか起きた。

「恣意的な行為が人の特性」だからこそ殺人事件なども起きるが、一方でそれ故に社会も発展したと考えてみる。これから導かれるのが人の社会の持つ柔軟性というテーマだ。恣意的に作られたシステムだけに作り替えが出来るフレキシビリティがあると言える。たとえ殺人が「恣意性」故に起こるとしても、社会システムの変更もまた「恣意的に」出来ることになる。無論、そのためには人々の政治への関心を高め、問題のある所を変えようとしなくてはならない。それにたとえ変えようとするにしても、まずは人々の賛同が必要になるので、結局は人々の意識（気分）を変えていくことが何より重要なのだ。これさえ改められれば三十年の停滞も変わり得るのではないのかと私は考える。

要するに、それが建前に過ぎないにせよ、理性的に筋を通して作り上げた社会だから、そんなに簡単には変えてはいけないと人々が考えていることに原因があって、社会が旧態依然のままになっているということだ。だからこそ、「恣意性」が重要になると。確かに「恣意性」に「殺人」と「社会発展への柔軟性」の双方を喚起する力があるのは妙であっても、その両面を持つ「恣意性」だからこそ、社会を変革できるのではないのかと。

そう思ったとき、哲学者プラトンの『パイドロス』でソクラテスが語った「パルマコン」という言葉が浮かんだ。使い方次第では薬にもなるが元は毒であり、毒と薬の両義を持つのが「パルマコン」である。もし「恣意性」が「パルマコン」みたいなものであったとすれば、より適切に人の特性を表しているのではとの思いに至った。

しかし問題がある。というのも、もし「パルマコン」のような「恣意性」が人の特性だと仮定するならば、「その根拠は何になり、問題点が何処にあるのか」ということだ。

そこで、ここからはこうしたことを探ろうと思う。この試みが人々の何らかの考えるヒントになれば幸いである。

恣意性の哲学▼目次

二部▼恣意性の起源——何処から来るのか　149

一部　「恣意性」とはどのようなものなのか

一　人類の持つ「恣意性」は人の社会にどのように現れるか

恣意的行為の具体例から見える人の社会の複雑さ

「恣意性」の元々の意味は「したいようにする」である。こうした例なら時代を超えて幾らでも挙げられるだろうが、特に自由な言動を取ることに寛容な現代においては「恣意性」はいや増しに高まっており、人に「恣意性」があることを示す事件も数多く見受けられる。問題を複雑化するのが「恣意性」にはパルマコンのような両面が存在することであって、使いようではどんなに不利な立場でも反論が恣意的に出来てしまうのが実際のところだ。特に現代では様々な権利が認められているのを逆手に取って、さまざまな主張を言い張る人が現れる。こうした例を、片田舎で起きたとある諍《いさか》いを取り上げることで考えてみたい。

「欅《けやき》の大木の葉擦れ音が煩《うるさ》い。何とかしろ」と隣人が怒ってきて、諍いの始まりの笛が鳴った。こうしたもめ事は珍しくはないものの、引っ越してきたばかりの隣人が挨拶よりも文句を先に付けてきたこともあって、周りの人々はそこに異様さを感じざるを得なかった。

無論、最も驚いたのは欅の植わっている老夫婦二人のお宅になる。いきなり「何とかしろ」と言われても、どう対処していいのか分からない。その上、今までに聞いたこともないぶしつけな言い方で無礼だったので、先ずは隣人の文句を黙って聞き置いた。そうしたところ、次の日も次の日も文句を言いに来る。結局、耐え切れなくなって、老夫婦が自宅の欅の木を切り倒すという事態にまで発展して、周囲の人々はさらに驚いた。

「耐え切れなくなった」というのは、それなりの原因があって、その隣人の行動は文句を言いに来ただけで済まなかったからだ。次第にエスカレートして、夜にはその家の前で「木を何とかしないのはおかしい」と大声を張り上げだしたのだ。理解可能なレベルを超えた相手の行動に、老夫婦は怖くなって植木屋に頼んで大木を泣く泣く切ってしまった。

ここまで来るといくら犯罪未満とは言え、周囲の目を引く事件となって何かと騒がしくなった。確かに隣人は葉擦れ音が神経に障って煩くて堪らなかったのであろうが、周りの人達からすれば、「そんなに騒音がするのかい」との疑問を持ったのだ。というのも、敷地境界には背丈よりも高い生垣があって、細葉の厚い垣根が防壁となっていた。これなら窓を閉めれば聞こえないのではないかと皆は思ったわけだ。また肝心の欅の大木はそのお宅の裏庭に植わっていて、隣人の窓から十メートル以上も離れ、おまけに真横ではなく、斜めの角度で植わっていたから尚更だ。

とは言っても、訴えた彼にすれば実際に耳に障ったに違いない。確かに欅は家から距離があっても大木である。覆い被さるように繁って近くまで迫ってくるように見える。それでなのか、風が強い日にはザワザワという葉擦れ音が彼の耳に強烈に響いていたのだ。いくらおかしいとか異常だとか言われても、人の神経はそれぞれであって、敏感な人には聞こえることもあるのだ。

しかし、いくら都市化の波が押し寄せているとは言え、ここは田舎である。畑だった隣地にいつの間にか分譲住宅が建てられ、そこへ引っ越してきた人が煩いと訴えてきたのだと分かっても、先ずその人を見たこともない。それに挨拶も済んでないことから、どんな人かも分からない。その上、田舎なので屋敷の敷地は広いし、隣人との境には先ほど述べた通り、人の背の高さを遥かに越える細葉の木が密集した生垣があった。

大きな生垣ではあるがこの地域ではごく普通だった。というのは、この地方独特の冬に理由がある。この季節になると西からの強風が吹き荒れて高台の家にまともに当たるので、これを防ごうと二メートルを越える背の高い生垣が作られてあったのだ。それと問題の欅は大木とは言え、隣家から方向がずれた裏庭のかなり離れた所にあったので、老夫婦は最初は隣人が何を言ってきたのかまるで要領を得ず、何が何だか理解出来なかったわけだ。

無理もないのは、これまで「欅の大木の葉擦れ音が煩い」といった文句は、木々の多い田舎では聞いたことがなかった。しかも主張しているのは引っ越してきたばかりの面識がない人である。それなのに、「何とかしろ」と突然、言われた。戸惑わざるを得なくて、知人に相談すると、「じきに慣れる。放って置け」と言われた。他の何人かも同じような答なので放って置いたら、夜ごとに家の前で大声を出すようになった。近所迷惑が甚だしいので、仕方なく大木を切り倒したという。

これをどう捉えるべきか、読者諸氏はどう思われるだろうか。

引っ越してきた隣人の立場に立てば、煩いんだから何とかして欲しい、どうにかして欲しいというのは一つの権利であって、何処も間違っていないだろう。それに初めは「お願い」であった。決して命令はしていないのだが、無視されてついエスカレートしてしまった。おとなしく話し合いに応じてくれていれば違った。いや、というより、無視されて頭にきた。何とか言うことを聞いて話し合いに応じてくれていればこんなことにはならなかったのかもしれないが……

いきなり文句を付けられた老夫婦にすれば、そこまで煩いのかどうか理解し得なかったのも無理はない。彼等はもともと欅の葉擦れ音なんて気にもしていなかったからだ。いくら人によって感性は異なるとしても、その人が客観的データを示したのなら納得したかもしれないが、そうではなかった。しかも、両家の前を通る道路は幹線ではないものの、生活道路である。車の行き来がかなりあって、朝夕のラッシュ時では渋滞さえ起きて、むしろ車の騒音の方が遥かに大きい。たとえ夜が更けて車の数が少なくなっても、時には大きなエンジン音を響かせて暴走車さえ走る。客観的にはどう考えても、車の騒音の方が煩い。それで知人に尋ねても、「隣人の方がおかしい」とか「狂っている」と答える人が大半だったので放って置いた。

こうした両者の言い分があるのを踏まえた上で、もし隣人が理性的であったなら、個人的な感覚ではなく、これが騒音に当たるかどうかのデータを取ろうとするだろう。市役所に行って騒音レベルを測って貰い、そのデータを基に文句を言いに行ったはずだ。

実際に隣人は市役所に文句を言って、騒音レベルを測ってくれと頼んだらしい。だが、相手にされなかった。市役所が言うには葉擦れ音を測ってデータにしたことなんてない。

そんな小さな音を計測する計器は持っていないと丁重に断られた。

結局彼は、データの裏付けがないまま己の感覚に障るものに対して無節操に怒って文句を言っていたことになり、これでは感情的人間だとレッテルを貼られても致し方ない。もし客観的な根拠もなく単に個人の聴覚に障ったから煩いと文句を言うのなら、他人からすれば聞こえるはずもない音を聞き取っていることになって、過敏症の情緒不安定と言われても仕方がない。しかも相手が聞き入れないとなったら、「木を切り倒せ」と命令までしたわけだ。これからすると、最初はともかく、徐々にだとしても、彼は明確な「意図」を持って文句を言いに行って、己の意図を成し遂げるべくれっきとした計画を持って行動をエスカレートさせたと言える。一方で、この騒音を訴えた人は会社勤めをしていた。すなわち社会的な常識もないわけではなかったのだが、やはりもともと神経質なたちではあったのだろう。

普通なら「煩いな」に留まり、そこら辺りで何とかなるのに、彼はそうとはならずに、文句が相手に受け入れてもらえないと分かると大声で文句を叫ぶ行動にまで及んだ。聞き入れてもらえないとなると、そこから明確な意図のもと「木を切れ」と老夫婦に命令した。ここまで来ると、人が「恣意性」を持つからこそ、こういった行動になって、それが表に出たのだろうと考えざるを得ない。訴えた隣人の行動は理性的とは言えないものの、この行為が正当かどうかは双方の立場があって難しい。とは言え、これが己の意図を受け入れさせようとする「恣意的な行動」であったことは確かだ。

無論、老夫婦にしても、いきなり見知らぬ隣人から葉擦れ音が煩いので「何とかしろ」と言われても対処のしようがない。わけが分からないままに「恣意的に」無視するという振る舞いをした。というのも、彼等にしたら、「煩い」という不満から「欅を切れ」という命令に至る論理の筋道がよく分からない。データの呈示もないから余計に理屈が理解出来ない。相手は知り合いでもないし、その人の所有する木でもない。そこへ「何とかしろ」といきなり言ってきて「欅を切れ」まで言うのは、相手のわがままと捉えるしかなかったのだ。

もしひと昔前だったら、新世帯がその地域に引っ越してきたとしても、古くから住む世帯への慮《おもんぱか》りやリスペクトがあって、たとえ煩くても、直ぐには文句を言いに行かなかったはずだ。なのに、今回の隣人はそうした慣習を全く無視した。だから昔からの知人達は揃って「放って置け」とのアドバイスを贈った。そこにはここの慣習を重んじないよそ者は無視しても良いとの想いもあっただろう。いくら文句を言うことが容易に出来る時代になったとは言え、老夫婦にしてみれば、新参者に大きな顔をされいきなり文句を付けられたことが、実におかしな行為に見えたのだ。

お互いのやったことは、それぞれ意図した考えから発した行為だとしても大きな差異があった。隣人は個人的で恣意的な意図から行動を起こしたが、老夫婦の方は昔からの慣習を重んじて、それを一旦は聞き置いた。この両者のやり取りは、現代ではそれぞれが己の意図した行為を実行に移せるようになったことを表している。隣人の行動がエスカレートして、不幸にも恐怖を老夫婦に与えたのは別次元の話になるが、これを除けば、双方とも「自分達の意図に従って恣意的な行為」を実行に移してみせたと言えよう。

この話は一見すると、よくある若い世代と古い世代の諍いであるかのように見えるが、実際の状況は違った。奇妙なことに隣人の年代は若いかというとそうではなくて、どう見ても六十歳前後ではないかと思われたのだ。諍いがあったのが一九八〇年代後半のことなので、この時期に六十代を迎えている人ならば、かつてあった共同体社会システムを経験までしてなくても、知ってはいるはずだ。そうだとすると、この人は、共同体社会という世間体に縛られていた世の中がいつしか変化して、自分たちはそういった軛《くびき》からすでに解放されていると現状を捉えたのではないのか。つまり、解放されたから、何を言っても何をしてもいいと考えたのではないのかと。

つまり、若い世代は生まれついての自由空間育ちなので、自由は空気のように当たり前であって、むしろそれを解放とは捉えないところがある。しかしかつての共同体社会を少なくとも知っている世代はそれを解放と捉えてしまうので、つい必要以上に放埓《ほうらつ》に振る舞ってしまったのではないかということだ。無論、若い世代でも身勝手な言動が多いのは、既述の通りで、感性の鋭さ故に世の中の雰囲気を敏感に感じ取って、中学高校の荒廃が起きたり、殺人が起きたりしている。しかし、共同体社会を知る世代であってもこうしたことを現実に起こしたのが当時の人々にとっても、私にとってもショックだった。

すなわち、こうした例は「はじめに」で挙げた野外での喫煙に文句を付ける人も古い世代であったように、どの世代にもあることになる。

これとは逆に、この諍いに現れたように、昔からのやり方をそのまま続けようとする人々が多いのも確かだ。「はじめに」でも述べた、現状維持をしたがる人々の傾向に話は繋がるのだが、より深刻なのは、人々が「変えられない」もしくは「変える必要がない」と思うようになってしまうことだ。結局のところ、人々の「気分」が国の「雰囲気」をも決めることになるわけで、これが大きな問題となってくる。

雰囲気について

世の中の政治や経済が人々の気分が醸し出す「雰囲気」で動くと言うと、どこか曖昧にも聞こえて、「そんなバカなことがあるか。こんな曖昧な言葉の雰囲気がそこまで重要なのか」との意見も出てくるだろう。実は、これが人の「根本体制」を左右する言葉なのを見抜いたのが哲学者ハイデッガーである。というのも、「雰囲気」をドイツ語で言うとVerfassugになるが、このもう一つの意味が「根本体制」になるのだ。彼は人の根本体制をこの言葉で表して二重の意味を込めて使った。もっと言えば、国の「根本体制」は「憲法」であり、実際にこのドイツ語には「憲法」の意味も存在する。

人を把握するのに、その人の雰囲気から捉えるのは誰もがごく普通にしていることだ。確かに人を細かに分析して、この人の性格はこうだとかああだとか言ったり、感覚的情緒的に捉えたりするやり方もあるが、それはその人のとある部分について微視的に言っているだけであって、全体的に捉えるには曖昧だが大まかに「雰囲気」として捉える方が間違いがない。

集団でも同じであって、プロ野球では「流れ」とかチームの「雰囲気」が重要と言われる。というのも、チームになると、そのチームの雰囲気が全員のやる気に影響を及ぼすからで、勝ちだすとチーム力が発揮されて強くなったりする。また明るくチームを盛り立てる選手が一人いるだけで、俄然チームの動きが変わってくるというのも誰しも経験したことがあるだろう。

これが国になっても同じことだ。ウクライナではゼレンスキー大統領がロシアに勝っているとか、勝てるとかの積極的な発言を繰り返しているが、それは国民の雰囲気を盛り上げるためである。無論、大統領のような指導者は正確な情報を握っているぶん、誰が聞いても嘘の情報ばかりを流していたら雰囲気が悪くなるが、逆にあまりに正直に負けている所だけを言っていても、これまた雰囲気を悪くする。現実を動かすのはなかなかに難しいのだ。同様に、イギリスの優秀なはずの情報機関が妙にウクライナ寄りの情報ばかり流して、やり方が今迄とは違うからおかしいという声もあるが、そういったプラスの報道が弱者ウクライナを助ける大切な手段なのを知っているから、わざと盛り上げる情報だけを流しているのだろう。ウクライナの人々の雰囲気が悪くなったら戦意喪失にも関わるからだが、もう一つはEU諸国の援助疲れにも影響を与えるので、英国情報部はあえてプロパガンダの役割を意識的に担っているのだと考えられる。

　このように個々の人を捉える場合でも雰囲気は重要だし、集団や国家を捉える場合でも雰囲気は重要だ。人は生き方や社会での己の定位をそれぞれに決めていても、全体からの影響を受けて暮らしているので、国の雰囲気にも大いに左右される。当然のことながら、逆に国民一人一人が醸し出す雰囲気から国の雰囲気は作られているので、両者は相互作用の働きを示しているのだ。

　後で述べるように、人は他の動物と違って、恣意性を持つが故に定式化出来ない。それに対して動物なら、例えば犬はそれぞれに特性があっても、おおよそは肉食動物だが人に忠実で懐《なつ》きやすいといった形で定式化出来るが、人の場合は難しい。人は知能が発達した動物であると言ったところで、チンパンジーもそうだし、また人は恣意性に起因する部分を多く持っていて、個々人のレベルでもかなり違っていて、定式化が難しく、人によってあまりに違い過ぎるぶん、雰囲気でしか捉えられないと言っていいだろう。

　こうして人々の気分と国の動向が関係するというと不思議に聞こえるかもしれないが、実際にかなり関連しているのは間違いのないところだ。それというのも、基本的に人は、己が集団とか社会の中でどの位置を占めているのかを定めて暮らす（定位とも言う）生物だからだ。言ってみれば、各々が社会の中で居場所を見付けて己の場を確保しようとするからで、昔の共同体社会ではギチギチに己の位置は決まっていて、動かすのは容易ではなかった。しかし社会が発展してくると、自由さが増し選択肢が多くなって居場所は幾らでも見付かるようになった。見付けるのは簡単になったはずだったのだが、これが一旦社会が滞って来ると、逆に己の居場所が見付けにくくなる。それは己の居場所を一度手に入れると誰しもそこを手放したがらないからで、これが「変化が嫌だ」という人々の気分になって、やがてそれが国を左右することも起こり得るのだ。

もう一つの変化として、それまでは人々の直接の触れ合いを主にして互いのコミュニケーションが取れていたが、大きな変化が生じてこれが殆《ほとん》ど消えた。以前は隣同士は助け合う密な関係での暮らしが主流だったので、隣人が見知らぬ人というのはあり得なかったが、会社システムが主になると近所付き合いの必要性が失せ、隣人よりもシステム化された会社が主になった。ということは、人情よりもロジックが表に躍り出たからで、この移行期間において、どちらにしていいのか分からない隙間（空白）が生じ、個人的な恣意的行為が容易になったのだろうと考えられる。諍い事になると、個人の権利とかがしきりに取り沙汰されるのもそれが理由であって、各人が言いたいように言って行動出来る現代だからこそ、その隙間に先ほどの諍いの例などが生じることになるのではないのか。

人々がこうしたちょっとした諍いを起こすのは、現代システムに問題があるというより、人々が現状維持を望み、システムを変え得る柔軟性に無頓着だからだ。先ほど「定位」と言ったが、隣人にすればそこでの己の居場所が見付からなかったので、主張を強くした面があろう。しかし老夫婦にすれば、共同体社会以来ずっとハッキリした居場所を確保していた。その所にこれを壊しにきたのが隣人だった。無論、周囲の人たちもそういう思いであったろう。

もう一つ諍いの原因として挙げられるのが、人々の行動が何に依拠するかということだ。人は己の行動パターンをある程度、己で決めて行動する（これを格率という）か、もしくは慣習や常識に従う。この事件では隣人は己で考えて行動を起こしたが、老夫婦は慣習に則って行動していて、そもそも依拠するモノが違ったと言える。

確かに歴史的に見れば、新しいシステムであっても完璧なものなどあるわけがない。その上、世界も大きく変貌を遂げている。いくらシステム化した社会になって様々な問題を抱えるようになったと言っても、本来は「恣意性」を持つ人だからこそこれに柔軟に対処出来るはずなのに、迷いからか、対応はなかなか進まないままだ。

この柔軟性の欠如は、人が「恣意性」を潜在的に持つことを忘れているからではないのか。というか、「雰囲気」の停滞を変えられるのは、まさにその集団に属する人々自身なのだ。もし政治に人々が注目すれば政治家は変なことは出来ない。なのに、人々が政治に無関心なのをいいことに、彼等はそっとやりたいように愚民政策と思しき対策を打ち続けているから、総じて変化への対応に乏しい。政治に関心を持ち、参加すれば、立法府を変えられて柔軟性を発揮出来る。そうだとすればシステムの修正や改正まで出来る。

いずれにしても、社会に秩序を齎《もたら》したり、新しいシステムから新しい発見や発明が生まれたりするのも「恣意性」があるからだ、ということをここで改めて強調しておきたい。

二　人が持つ「恣意性」の特異性
——なぜ他の動物にはないのか

「恣意性」から来る同種殺しの奇妙さ

現代では恣意的な行為がこのように生じるので、「恣意性」が人にあると言われれば何となく分かるものの、これこそがまさに「人の特性」だと言い切れるかと言うと、そこまでは言えない。そこで他の動物との比較から、この特性が人に特有のモノであることを明らかに出来るかどうか試みてみたい。

人と他の動物との大きな違いは何かと言えば、先ずは同種殺しになろう。人は殺人という同種殺しをするが、他の動物は自然法則に従うので同種を殺すことなど、あり得ない。これは人に「恣意性」が備わる一つの証拠たり得ると言えるものの、では、何故に他の動物は同種殺しをしないのだろうか。それは同種を殺したらその種の存続が危うくなるからで、他の動物では同種を攻撃しない攻撃制御システムがDNAに組み込まれていて、本能的に同種を殺さないようになっている。なのに、人は同種殺しをする。

もう一つ、人と動物とで異なるのは、殺し方だ。恣意的にすることなので、「どうして、また何のためにこんな殺し方をするのか」といった理解し難い事例が頻発する。殺して何かの得になることがあるのならまだしも、そうしたことはまるでなく、何の意義も見付からない意味不明な殺人さえも起こしているのだ。

「殺したいから殺す」のが主になって、単に「恣意性」に衝き動かされて殺すだけのやり方になる。恨みや遺恨からというのではないので、「殺す」こと自体を目的にすることも起きる。こうなれば、襲って殺し易い弱い女性や老人、子供がターゲットに選ばれるようになり、通り魔殺人もその類になる。殺すことが目的の滅多矢鱈《めったやたら》な殺しなので弱い無辜《むこ》の人ばかりが犠牲になる。

「何でこんなことが横行するのか」と言われても、したいようにする「恣意性」があるから起きるとしか言いようがない。もっと怖いのは「殺人者が普通人に見える」ことも多い。乱暴な行動を取るとか、如何にも極悪人然に見えれば危ないと分かって遠ざけられるが、そうではない例が幾らでもある。

言い換えれば、「普通に見える」外見に凶悪さが隠されてしまう上に、恨みとか嫉妬とかの動機に基づかないために、それに由来する行動や言葉が表に出ずに、犯行の予測がつかないケースが起きる。「ただ恣意的に」犯罪を起こすだけなので、通勤時に車が追い越しされて、カッとなって追いかけて自動車事故を起こさせて人を殺してしまった例さえ出てくる。では、その人が粗暴な人かと言うと普段はおとなしかったりもする。

では、普通の人がブレーキが壊れたかのようにここまでのことを仕出かすのはどうしてなのか。一般論で言えば、理性を持つ人でも時に激情的になることもあるからだという説明はあり得るだろう。しかし激情が理性を役立たずにして犯罪を起こすと言っても、先行する車を追いかけるには理性による冷静さをも必要とする。矛盾しないだろうか。激情と冷静さを共存させて、それを矛盾させずに犯罪を実行に移すことが可能になるのだろうか。実際にこうした犯罪を実行するには冷静で大きな「パワー」を必要とするが、これは何処から来るのだろうか。

即ち、激情は理性とは背反するのに冷静に犯罪を実行したとすれば、どうしてこれが出来たかになり、激情と冷静さを矛盾なく並立させることが無理筋ならば、それが出来た理由は「恣意性」からでしかなくなる。

「恣意性」から出た恣意的な行為であれば、少なくとも目的はしっかりある。それで激しながらも冷静に実現しようとする。だからそういった犯罪も可能になる。この場合、人の根底に「恣意性」があることは隠れていて見えないから、いかにも激情でもって事件を起こしたように見えるのではないのか。

乱暴に言うならば、こんなアホなことを仕出かすのは、「したいようにする」という「恣意性」があるからでしかないだろう。いつもは底に潜んでいるが状況次第では突然、表に現れてくる。恨みや嫉妬から襲うとか、頭にきたからといった感情的な仕業というよりも、ただこうしたいという恣意的な目的が人の根本には常に存在するからだ。

無論、このケースではカッとなってやったと言える部分もあるが、これが残虐で目を背けたくなるような猟奇的な殺人ともなると、単なる感情的な爆発とか暴力性の問題では説明が付かない。後述するが、人は理屈付け（意味付け）して行為する。いくら平凡な生活人として過ごしていても、恣意的な意味付けさえ出来れば、かなりの行為までするのが人という存在なのだ。

こうした「意味付けとは何か」については後で述べるが、これを理解しないと、何故にこんなことをするのかがまるで分からなくなって、あり得ない例外中の例外だと思ってしまう。現代ではこうした事件が時に起きて、多くの人が何となく不安を感じているだろう。それは「恣意性」が人の根本にあるのを前提にしないからで、不安に感じるのは無理もないのだ。

「恣意性」が人の根底に潜み、時に表へと出てくるとなれば、これらの事件も決して奇異な話とか例外ではなくなる。人の大本に「恣意性」があれば、「したいと思えば殺人を犯す」ことまでも可能になる。無論、何でも「恣意性」のせいにするのもどうかと思うが、ここまでさせる力が「恣意性」にあるのならば、近年の異常な事件も理解できる。では、そこまでの力が本当に「恣意性」にあるのかが次の問題となってくる。

これを説明するのには、生物学的見地からのアプローチが役に立つ。

というのも、既述のように、他の動物（生き物）では「同種を殺す」ことは自然界ではあり得ない。人類と類人猿だけが同種を殺すが、これはかなり異質であって、これら以外の生き物では同種を殺したりはしないのだ。同種が殺し合って身近な仲間を殺せばその種は縮減してしまい、近隣に住む他の種からの攻撃を受けたらひとたまりもない。いくら一時的に己の食いぶちが多くなって楽に生きられても、永続的には難しくなって滅びへと向かう。だから、生き物は原則的には同種は殺さない。それどころか、同種の繁栄を望む。

もっと言えば同種のモノを攻撃しない攻撃制御システムがＤＮＡに組み込まれている種が大半である。

これが事実であれば、同種を殺す人類はこれがＤＮＡに組み込まれていないのだろうか。ここのところはハッキリしないが、どうやら人類はこうした攻撃制御のＤＮＡがたとえ組み込まれていても、知能でもってそれを凌駕して無視出来るからではないのかと。そうでも考えないと、恣意的に行われる殺人の多発は考えにくくなってしまう。

それに、もし人の遺伝子レベルに欠陥があったとすれば、殺し合いを続けて人類はとっくに滅びている。なのに、同種殺しを犯してもなお繁栄するのは、「パルマコン」みたいな両義性が「恣意性」の本質なので、それが良い方にも働いて人の滅亡を防ぐからだ。それで何とかバランスを保ちつつ、今の所、繁栄している。たとえ同種への酷い攻撃性があったとしても、良い方向へと「恣意性」を働かせて制御もして何とか存続しているのではないのかということだ。

動物行動学者コンラッド・ローレンツに言わせれば、人は知能の発達が遺伝子レベルを凌駕するものの、一応制御も働かせられる存在だ。断るまでもないが、遺伝子レベルでの攻撃制御の働きとは種全体に亘り、例外はあるものの、「する、しない」の個体差は生じないのが原則になる。

人類にも闘いが嫌いな人は多くいるが、強制力のある強力な遺伝子レベルのモノを人類は持ち合わせていない。というより、知能が発達して「恣意性」が主人となり、「殺しても殺さなくてもいい自由」を人は手に入れた。だから、道徳や法律が機能しなければ、社会が乱れたりして殺人が簡単に起きても不思議ではない。

明らかなのは、殺人の原点が同種殺しを制御するDNA遺伝子の欠陥にあるのではなく、知能の発達が殺人制御のDNA遺伝子を凌駕したからだということだ。こうなると、遺伝子レベルを凌駕する「恣意性」が時に表に出易く、恣意的に人を殺すことも起こり得る。なので、弛《ゆる》い法的制度や甘い道徳だと「恣意性」を押さえるのが困難になる。だからこそ、「恣意性」を縛る制度や道徳にはかなりの強制力を持たせようとするが、人権や自由の問題との調整があって、やたらに強圧的に強制も出来ない。もっと問題なのは、これが国単位になると、プーチンのウクライナ侵略のように、戦争の名の下に殺人を正当化するから事は厄介になる。

このように、遺伝子レベルの攻撃制御を知能が凌駕したので「恣意性」が時に表に出て殺人も起きるが、逆に「恣意性」でそれを制御もするのが人類なのだ。だからこそ、「恣意性」が人の特性と言えるのではないのかと。

「恣意性」とは何か

最初に戻って辞書的に言えば、「恣意性」とは「自分の思うがままにすること」であるものの、肝心なのは何から人類は「思うがままに」するのかということで、それは自然の摂理からである。人は知能の発達によって、一部にせよ、自然の摂理から離脱出来て自由を得たものの、これを人類から見れば「恣意性」を得たことになるし、生態系から見れば、一部にせよ離脱を果たして自由を獲得したことになる。

「人は自然の一部だ。離脱なんて出来ないから、『恣意性』を持ててなどいない」との反論も確かにあろう。しかし殺人で見たように、同種を殺すのは人類と一部の類人猿ぐらいで、他の動物とは全く異質の存在だ。だから、知能の発達から一部にせよ自然生態系からの離脱を可能にして「恣意性」を持ったとしか言いようがない。まさに毒と薬の両方を持つ「パルマコン」みたいなものが「恣意性」の本質であろう。

要するに、「恣意性」とは本能（自然の摂理）の一部にせよ、それに従わないことを含め、

「同種を殺さない」という自然の摂理に反する行為である殺人を犯すものの、一方で様々に制御もするということだ。もし自然の摂理にのみ従うのなら、恣意的な人殺しはあり得ない。例えばいくら心神喪失して殺したとか、カッとなって殺したとしても、もし自然の摂理に従うなら、無意識のレベルで攻撃制御が働いて出来ない。頭にきたから殺すとか、何となく殺したいから殺すなんていう同種殺しは、自然摂理の世界では決して起き得ない。そこに「恣意性」が根底にあって、これが働くから、人にだけ同種殺しが可能になった。

もちろん、ここでいう「恣意性」は「したいからする」の意味になる。知能の発達から自然の摂理からの一部離脱が起きたことに恣意性の原点があって、実際に自然法則に則って同種を殺すことは決してあり得ない。しかし人類は知能の発達でこれを凌駕して、恣意的に「したい」から殺すことが可能になった。だから、防ぐのが難しいのだ。

「殺人は厭だ」と人々が思うのは、この予測不能で防御が困難な点だ。「いつ起こるのか、どうして起こるのか」が良く分からないのも、個々人の「恣意性」から来るので予測が難しいからだ。恨みとか復讐といった分かり易い動機を欠き、殺したいから殺すこともあり得る。「殺し易い」ことが被害者選びの根幹を成せば、安直に殺せるかどうかが判断基準になり、弱い者がターゲットにされるのだ。分かり易い怨恨とか敵対的な殺しといったものと違って、動機無き殺人事件や通り魔事件といった理解出来ない残虐な殺し方は、人が「恣意性」を持つから恣意的に殺すとしか言いようがない。他の動物ではあり得ないことで、これは「恣意性」があるから起きることなのだ。

但《ただ》し、道徳心の出自も皮肉なことに「恣意性」からだ。薬にもなる「パルマコン」のように、良い意味の「恣意性」で道徳心を作り、教育する。

これについては後で触れるが、「恣意性」でもって殺人が行われるが、逆に「恣意性」でもって道徳や法律を作り殺人を制御することもある。両方とも「恣意性」からなので絶対的なものは作れない。使い方次第の力較べでしかない。このことから、道徳心よりも悪い方の「恣意性」が出易く、殺人もまた無くならないのだ。

このように、殺人の基には「恣意性」があって、「いつ起こるか分からない」のと「どうして殺すのかも皆目分からない」のまで含み、自然摂理の秩序とは相容れない。まさに「恣意性」そのものから来るから起きるのだ。

これからすると、巷《ちまた》でよく言われるように、何故、殺人が起きるのかに対して、「社会の何処かで歯車が狂ってる」とか、「道徳心の欠如」、または「自己中の人間が増えたからだ」と言うのは、原因と結果を取り違えている。あくまでも原因は「恣意性」にあって、もし社会体制に緩みが出たりすれば「恣意性」が出易くなるのだ。このことを承知して、どのようにしたら恣意性に由来する行為との闘いや調整が必要かを検討しないと、肝心の根拠を欠くことになりかねない。

「恣意性」を制御するツール

「恣意性」が「パルマコン」のように良い方、悪い方の両方を発揮させはしても、悪い部分の方が出易くて深刻な殺人を引き起こすのは、歴史を紐解けば一目瞭然である。何もなかった時代などなく、いつの時代でも起きるからこそ、人の「業」であって、人類に付いて回り、根絶された試しがない。極端な例である戦争ともなれば、殺すことで褒賞が与えられ、殺すことが合法の正義にまでなる。これこそ、「恣意性」が齎《もたら》した中の一つの「業」の姿であって、「恣意性」以外では説明のしようがない。

このように「命が一番大切」なのに、戦争では殺すことが正義になって矛盾を生じて妙なことになる。例えば御馳走とか素敵な異性とかがたとえ与えられても、明日、殺されるとなったら大半の人間は逃げ出すであろう。命と引き換えになるものは何もなく、「己の命が大切」だからだ。

それなのに戦争では「殺人が正義」になる。こうした同種殺しをチンパンジーもするようだが、そこに正義の意味付けがあるとは考えられない。人類以外ではあり得ないことなのだ。

というか、同種を殺したらその種は滅びるのに、人類にはこれがある。いや、たまにならまだしも、殺人は多発しているし、戦争やテロでは大量殺戮《さつりく》を犯して、おまけに殺すことが正義になる。しかし普段はどの国でも殺人は禁止し、殺したら極刑に処せられる。日常では「殺人をするな」という法律で制御をする。けれど、それでも殺人を無くすことが出来ないから「人類は狂っている」とまで言われたりするのだ。

妙な現象である。

知能の発達によって自然摂理からの一部の離脱を果たして、「恣意性」が主人となって人類の底層を流れるようになった。決まったルールで動く自然摂理に対して、知能の発達が攻撃制御のDNAまでも無力化して、〝思うがままにする〟「恣意性」を得て、それを発揮させた結果として、人は殺人を無くすことが出来ない。一方で、同種殺しをしたらその種は繁栄しないので、厳格な法律を作り制御しようとするが、その試みはあまり上手く行っていない。こうしたことから、人々は殺人事件に注目し、いつ己の身に降りかかるかもしれないという恐怖心から逃れられないのだ。

無論、人類は恣意性の発露を制御しようと、刑罰の強化や道徳心の教育を重要視してきた。昔の例を挙げるなら、道徳心とまでは行かないまでも、強者が弱者を苛めるとか、殴るとかは強者の誇りにかけてしないという「暗黙のルール」があった。もちろん、時には弱者をターゲットにする卑怯な事件があっても、それは強い怨恨とか復讐とかの明確な動機がある場合が多かった。

ところが現在では、社会規範が曖昧になった上に、慣習的な「暗黙のルール」にも力がなくなった。殺人を目的化して殺人ゲームを楽しむかの如く犯すようになれば、やり易い弱者が狙われる。人類の悪い「恣意性」が表に出て、動機なき殺人事件や残虐な事件が起きる。これを社会規範力の衰えや道徳心の欠如でいくら説明しても、あれ程の残忍さを何故に人が内に秘められるのかの説明がつかない。言ってみれば、まずは人に「恣意性」があることを前提として、犯罪者が意図して恣意的に事件を起こさない限り、そこまで残虐なことをするのは不可能であって、戦争ならば尚更、恣意的な計画無しでは何も事を始めることは出来ない。

そうだとすると、やはり人の犯す犯罪の大本には「恣意性」があるというのが正しくなる。こんなのは人のすることではないと怒り心頭に発する人も大勢いようが、実は「恣意性」を持つ人だからこそ残虐な犯罪は起こし得る。他の「動物」（類人猿を除く）ではあり得ないことをしているのだ。

「人」というふうに普遍化出来るのは、こうした殺人の多発や戦争での残虐な殺し方やテロ集団に拠る無残な殺し方がどこの国にもあって、方々で起きているからだ。しかも近年は殺人事件が悪質化し、このところ日本でも子供や老人が狙われだしたが、他の先進諸国ではもっと酷くて、もはや日常的だとも言われる。

人類は「社会的動物」であることから、協力して「他者利益を優先する規範を持つ」と言う人もいるが、たとえ生得的に人類がこの規範を持ってはいても、知能で凌駕する「恣意性」があるので、これを簡単に無力化し得る。もし生得的にこの規範が強力なら、子供とか老人とかの弱い者を襲うのはあり得ないことになる。

というのも、かなり以前のことになるが、何人かの外国人に日本に来て母国との違いに驚いたことは何かと問うと、異口同音に「小さな子供が一人で道を歩くのを見た」ことと答えた。日本でも最近でこそ子供を狙った殺人事件が起きるが、何処の国でも子供はターゲットにされ、アメリカでも一人で子供が外を歩くことは、ずっと前から有り得なかった。メキシコも同じで、在住した知人は「外で子供が遊べないのは可哀想だ」と嘆く。

西欧の知人からのメールでも殺人事件は何処の国でも起きていて、日本だけが特別ではない。実際、殺人事件の国際比較データでは人口十万人あたりの殺人事件発生件数では、手元にある二〇一二年では日本の０・４に対してアメリカは５・４、イギリスは１・５でフランスは１・０、ドイツ０・８で、日本は相変わらず先進諸国の中では断トツに少ない。

これが正しいとすると、殺人事件の多発や悪質化は人類共通の問題になる。文化が違い、道徳も違う国々なのに共通に起き、文化文明が発展した先進諸国でも解決し切れない。これは人類に共通の隠れた「恣意性」があることが原因だからではないだろうか。

他の「生き物」の攻撃制御システム

ここまでで明らかになったのは、攻撃制御の機能を人類は知能の発達で凌駕してしまい、「恣意性」が表に飛び出ることで色々と問題を起こすようになったということだ。では、他の「動物」では、どのように攻撃制御システムを機能させているのだろうか。そこで攻撃制御の具体例を示そう。

動物行動学者ローレンツ著の『攻撃』によると、ティンバーゲンが観察したユリカモメの例では、互いに無益に攻撃し合うのを避けようと、二羽が出会うと同時に頭を百八十度回して後頭部を向け合う「首そむけ」の儀式をするという。ユリカモメ同士が無益に攻撃して殺し合うのを避ける儀式を作り上げ、本能行動に組み込んだのだという。本能ということは、親から教えられたり経験したりしてスキルを磨くことはあっても、後天的に新たに考えたモノとは質が違う。「生まれつき知っている」ということだ。

狼の本能にも同様のシステムが備わっている。ユリカモメよりも狼は獰猛《どうもう》である。もし本能的な攻撃制御がなくて後天的な知恵に頼れば、学習する間にも殺し合いをする。個体間での知恵の発達に違いが出て、この狼は殺さないがあの狼は何の気なしに殺すとなったら、個体差のバラつきが出てくる。後天的に学ぶのでは学習が間に合わなくてそのまま種が滅びる可能性もある。だからこそ、攻撃的な部分を同種のモノに向けずに避ける本能が先天的に必要なのだ。他の狼が首を出すとか腹を見せるとかしたら攻撃しないという遺伝子を組み込まないと、狼同士で殺し合いが起きて種の維持は果たせない。また狼の集団間では、テリトリーがあって、その領域に誤って踏み込めば殺されるようなことも起きようが、テリトリーに侵入しなければ殺されない。

ここからは推測に過ぎないが、狼集団の狩りでは狼は自分達よりも大きなモノに闘いを挑む時がある。危険と隣り合わせで、母狼が死ぬ場合がある。となると、死んだ母狼の子供は孤児になって育たない。それでどの子狼でも自分の乳を吸いに来たら、自分の子供でなくても育てるという遺伝子が組み込まれている可能性が高いのではないだろうか。

こんな推測的なことを何故言い出したのかと言えば、本能に組み込まれたモノはとても強い強制力を発揮して個体差を越えるということを言いたいからだ。攻撃制御にせよ、何にせよ、ＤＮＡに組み込まれたモノは強い強制力を持つので、今さっき挙げた自分の子ではない狼でも育ててしまうのが本能に組み込まれているのではと推測したわけだ。そう考えないと以前、インドでシング牧師が「狼少女」を見つけたことはあり得ない話になる。

もし遺伝子に組み込まれていなかったとしたら、人の赤ちゃんが乳を吸いに来ても食べてしまうだけだ。ところが食べないどころか、人の子を育てる事態が実際に起きた。あくまで推定だが、たまたま、人間の赤ちゃんが這い這いしながら何らかの具合で首を差し出すとかして、攻撃されないまま母狼に到達できたので、母狼は乳を吸いに来た人の子供を食べないどころか、本能的に育ててしまったのではないか。

こう考えないと、以前に狼少女が時々、海外で見つかった理由が分からなくなる。儀式化した強い強制力を有する本能的なモノを狼が持たなかったなら、獰猛な狼が人間の赤ちゃんを育てるなんて、架空の話になる。ローマの建国の伝説でも狼に育てられた人から国が出来たという物語があり、昔から狼に育てられたというのは、そんなにあり得ない話ではなかったのだろう。

逆に言うと、人類の場合は遺伝子に組み込まれた本能的で強い強制力を持った攻撃制御システムを知能が凌駕した。それで何処までも他人を攻撃したり殺したりするのではないのかということだ。無論、先に触れたように、この欠陥を作ったのも補うのも知能であって、「恣意性」は良い方にも悪い方にも振れる「パルマコン」みたいな特性を持つというのがキイワードになる。

これからすると、人の社会の根幹では、遺伝子のような絶対的に近いモノの働きよりも恣意的に作られたモノが力を持つと考えた方が良いだろう。だから、いくら発展して豊かになっても、道徳や社会制度に緩みが出れば、「恣意性」から来る欠陥が噴き出ても不思議ではない。

道徳にせよ、制度にせよ、絶対的なモノを人は作れない。検証して、役に立たなくなったら変える努力を惜しまないことが必要であって、本能のレベルを知能が凌駕した「恣意性」が根本に織り込まれているのを理解していないと妙な神学論争になる。防衛にせよ、制度にせよ、作り方に迫力が欠けることになりかねない恐れがあるのだ。

攻撃制御システムを省いた理由

問題は、種を滅亡にも導きかねない重要な遺伝子を人類は何故に役に立たなくしたのかである。よく滅びてしまわなかったと。だが、ローレンツも言うように、人は他の動物とは比較にならない凄い知能を持ち、それから来る種々の制度を作った。知能は両刃の剣であって、知能が発達したことで素晴らしい人類の発展を齎《もたら》したものの、攻撃制御までも役立たずにした。だからこそ「恣意性」の功罪は表裏一体であって、人殺しを避けるのは不可能になる。

ここがポイントで、ローレンツが言うように、人間の知能は本能を凌駕して攻撃制御システムを不能にしたが、補って余りある法律や道徳もまた後天的に凄い知能から作られたものだ。とは言っても、これを守る、守らないも決めるのは恣意性を持つ人なので個体差のバラ付きがあって、不安定さは否めない。不安定さとは切っても切れないのが人の社会なのだ。

生き物が同種のモノを殺さないのは、道徳的にそうしているのではない。本能に組み込まれているだけである。中心話題から逸れるが、「本能に組み込まれる、組み込まれない」は、こうした「殺し合いがあるか、ないか」という極端な所まで行かなくても、例えば「犬が主人に忠実だ」というのも本能の領域に属するものだ。

もともと遺伝子に組み込まれたモノであって、道徳的に犬が人間に忠実なわけではない。忠実に見えるだけであって、「人を信じられないから犬を人と同じように扱って可愛がるのは間違いを犯しやすい」とローレンツは警告する。なので、人が寂しいからと言って、裏切らない犬を人と同じように友達として癒《いや》して貰おうなんていうのは、一歩間違えると大きな誤解を生むと。実際、猫かわいがりして飼い犬に噛まれて大怪我をした者はかなりいると言われている。

これから分かるのは、犬はただ己の本能に組み込まれた行動を取っているのであって、飼い主が孤独だから癒してやろうなどという複雑な考えは出来ない。無論、可愛がればそれなりの反応が犬から返って来るものの、本能に忠実な行動を取る犬のパターンを良く知った上で癒して貰うのなら問題ないが、感情移入し過ぎて犬を人と同じに扱うとおかしなことになるというわけだ。

このように他の動物は本能に従って生きるので、大半の生き物は種の保存に必要な「同種には攻撃しない」という攻撃制御システムが本能に組み込まれていて強い強制力を持つ。なのに、人類は知能の発達でこの本能システムを役に立たなくした。何故にそうしたのかは残念ながら分からない。もっと強力なものを遺伝子に組み込んでも良かったが、それをしなかった。

人類は、本能的に攻撃を抑制する遺伝子を凌駕するような知能を優先したが、それでも何とか生き延びたと考えられる。本能を凌駕した代わりに、後で学習して攻撃制御を教えるようにしたが、これだと個体ごとに差が出る。そういうわけで、人の社会は不安定さとは切っても切れない。

遺伝子の書き込み

攻撃制御システムの遺伝子への書き込みについて、人は凌駕する知能を持って役立たずにした。それがどうしてなのかは分からないものの、少なくとも意図的ではなかったはずだ。本当なのかと思われるかもしれないが、筆者は偶然だと考える。何故にそう考えられるかというと、遺伝子の書き込み方に理由がある。

どういうことか。遺伝子の書き込みが将来を予見して意図的に出来るかというと、そうではない。例えばある遺伝子が将来役に立つぞと考えて書き込んだり、書き換えたりしているのではないというのが、生物学における一般的な見方だ。

アメーバーの例では、遺伝子の書き込みが常に行われているものの、ランダムだという。色々な書き込みがランダムにされて、その環境に「より適応」出来て生き延びるのはあくまで偶然なのだそうだ。人類の場合に当てはめれば、知能優先を選択した遺伝子を持つ種の人類が偶然、生き延びられたと。ランダムにした書き込みの中で、時代の環境に上手く合って生き延びるのに都合が良いＤＮＡを持った子孫が結果的に繁栄したと。現在であっても我々は個々それぞれに様々な遺伝子を持っているものの、これが有効になるかどうかは時代による部分もあるのだ。例えばＨＩＶの場合でも、これに罹《かか》っても何ともない人がアフリカにいたが、たまたまそうした遺伝子が役に立ったというケースになる。

ダーウィンの進化論でも、ランダムにした書き込みが進化を生んだと考えた方がいいともいう。もし進化が極端な突然変異になると、極端に突然変異した個体は弱い場合が多くて生き延びるのが難しいとも言われる。

もちろん、こうしたランダムな書き込みの変異を突然変異と呼べばそれはその通りになるが、何処までをそう呼ぶかは議論が分かれるところだ。人の進化も同じで、ランダムによる書き込みでたまたま知能の進化の遺伝子を持った種の人類が生き延びたと考えられる。人類の繁栄もランダムによる偶然の賜物であって、たまたま知能を優遇した種の人類が力を得たと。人類の人類たる所以《ゆえん》は知能の発達への遺伝子を持った種の人類が、時代をうまく生き延びたからだということになる。攻撃制御の遺伝子を凌駕してまでも知能の発達の方へと書き込みをした子孫が繁栄したのは偶然である。だからこそ、攻撃の抑制は後天的に教えるしかなかった。

これから分かるのは、たとえ知能が発達した人であっても、遠い将来への予測は不可能だということだ。というのも、我々は地球の時間的な変化もさりながら、空間的な宇宙になると最早、その変化への対処を取ろうにも、人力ではどうにもならない。とすれば、将来どのようなことが起きるのかを予見することは不可能となる。だからこそ、遺伝子はランダムにバラ撒いている。なのに、現代では遺伝子操作が発達して、かなりのものまで出来るようになったことから、人の浅知恵で優秀な頭の人を作ればうまく行くと短絡する。しかしこれがとても危険なのは、空間的にも時間的にでも、将来を見通すことが不可能な領域が幾らでもあるからだ。

昔の攻撃制御の訓練

攻撃制御の課題に戻るが、現代の日本の問題は攻撃抑制を教える場所が欠けている点にある。昔の共同体社会では近所に恐いお婆さんがいて、村の在り方に反した場合には他人の子供でもこっぴどく叱った。これは村という共同体社会の存続のために必要だったからだ。

こうしたことは子供の世界でも同じで、昔はガキ大将的な存在があった。既にガキ大将という言葉自体が死語だが、昔の子供はよく外で遊び、小さな子供から大きな子供まで一緒であった。年齢的には大体、小学校に上がるくらいから六年ぐらいまでで、集団を纏める統率力のある年長の子供がガキ大将になった。といっても、ガキ大将は単に力勝負の喧嘩に強いだけでない。色々な世の中のルールを年下に教えた。悪さをすることもあったが仲間が喧嘩をした場合、もし弱い方が泣き出したら深追いをさせず、お仕舞いにさせた。ガキ大将の言うことを聞かなければ、苛める者を叩いて泣かせ、自分が叩かれたらどのくらい痛いかを身体で覚えさせた。

もちろんいつもうまくいっていたわけではないが、そうした縦の繋がりがあって、何処まで叩いたら痛いかを身体で覚えさせられた。喧嘩をしてもここらまで泣いたら止めなくてはいけないというのを身体で覚えさせられたが、今ではそういう縦の繋がりで一緒に遊ぶことがない。ガキ大将に痛さを教えられる場面も消えた。その上、小学校では人権という怪物が暴れまわり、逆に子供を甘やかすので問題が起きる。

これまで述べた遺伝的な状況が正しいとなると、現代日本のように豊かになって社会的な規制や道徳が弛めば、事件が起きてもそれは当然なのだ。特に今の子供は攻撃制御の仕方を教えられていない上に、規則が緩くて甘やかされる。小学生の女の子が同級生を殺しても決して不思議ではない。

こうした状況は人類が知能発達を優先したことの負の遺産であって、遺伝子レベルでの攻撃制御システムが機能しないことの再認識が必要なのだ。これを理解すれば、攻撃制御を教える場所と期間を設けるというコンセンサスを作るのは、そんなに難しくはない。例えば喧嘩はすぐに止めさせるのではなく、かなりまでやらせて、経験を積ませる必要があるが、現状はどうか。日本では人権の問題が主役となって神学論争になり、人権という錦の御旗でこうした危険性を持つ遺伝子レベルの問題は蔑《ないがし》ろにされ、この必要性を薄めて混乱していると言えるだろう。

三　「恣意性」がもたらした人の社会の在り方

環境繋縛性と自由

人間以外の生き物が同種を殺さないのは、ＤＮＡの攻撃制御遺伝子を働かせて同種には攻撃せずに種の繁栄と持続を望むからというのを述べた。他の生き物が人類のような道徳や整備された法律を持たなくても滅びないのは、攻撃制御遺伝子があるお陰である。またチンパンジーのように攻撃制御システムを知能が凌駕していても、戦争とかテロとかの「正義」の大量殺戮は犯さないし、迷いからの自殺といったこともしないので、人類ほど酷い問題を起こさない。

人類は「恣意性」が主役になって、他の生き物とは全く違う世界に住むようになった。とは言っても、どのようにして自然界の縛りから人は自由を得たのだろうか。というか、他の生き物はどのようにして生きているのかも重要になるので、生物学者ユクスキュルの言う「生き物は各々の環世界（Umwelt）を持つ」との説から見てみよう。

環世界とは何かだが、Umは周りであって、Weltは世界の意味である。つまり、身の回りの世界を各々が持つということで、「各々の生き物にはそれぞれに生きる世界があって、そこでしか生きられない」となる。これからすると、生き物は適応した一定の環境でのみ生きられ、そこで生きているというわけだ。

例えば森に住むある種のダニの場合。通り過ぎる哺乳類の酪酸《らくさん》を嗅ぎ付けて、木の枝から落ちて哺乳類に纏わり付き、血を吸う。これが彼等の環世界になるが、この例ではどのくらい木の上で待ち続けられるかを試すと、数年（十数年の説もある）も死なずに待ったという。我々の身近にいるダニの場合は暗くて暖かで湿っている環境が必要なので、明るい所で干されれば何も出来ない。このようにして環境に縛られる一方で、そこでは餌に有り付けて快適にもなり得るのだ。どのくらいの時間で餌に出会うのかという問題よりも、この環境が続くかどうかが重要になる。

「生き物がその環世界を持つ」と言う表現が意味することを逆に取れば、彼等はこの環世界から逃れられなくてそこに縛られているということにもなる。この状況を社会学者マックス・シェーラー（Max Scheler）は「環境繋縛性」と名付けたが、この視点を人の方から見れば、人類は環境にがんじがらめに縛られなくなったとも言える。ということは、環境に縛られなくなって、人がしたいようにする「恣意性」が主役になったとも言える。こうして人類は多くの場所で生きられるようになって、極北のエスキモーから熱帯のネイティブまで、環境が全く異なる所でも生活することが可能になった。彼の言い方に従えば、環境から解き放たれて、部分的にせよ、自由を手に入れたのだ。

こうして人は自然の摂理にがんじがらめに縛られずに自らの知能で考え、自ら生きる場所を選べるが、他の生き物はその環境に縛られ、そこから脱出することは死を意味する。なのに、人類だけは自らの意志で環境を選び、そこに人工的な環境を作って、かなりの所でも生きられるようになった。こうしたことは恣意的に生きる自由を得たことを示しているて、人の社会発展の原点になったと考えられる。

自由の問題

知能が発達することによって恣意的に生きる自由を得たことを象徴しているのが、アダムとイブの寓話であろう。「知の木の実」が知能を指し、それを食べることで色々なモノが見えるようになったが、見えることで己の意思でもって「楽園」から離脱した（追放された）のを示すことになる。言い換えれば、「知能が発達して自然の摂理（楽園）から離れて自由を得た」ことにもなるのだ。

決まった環境の中で生きていれば、色々に考えなくて生きていけるから「楽園」になるが、人類は「楽園」から出て、恣意的に社会を作ったものの、「楽園」から出れば環境や行為を自らで決めなくてはならない。ということは次の行動を考えざるを得なくなった。自由を得て楽しくはなったものの、次に何をするのかを考えざるを得なくなり、その苦しみも持ったのだ。

「自由が苦しみになる」という言い方は妙に聞こえるかもしれない。後で触れるが、自由によって何をしてもいい自由が手に入るものの、何をしていいのか分からない苦しみも齎《もたら》されるからだ。良い意味でも悪い意味でも自由がキイワードになる。

ここでの注意点は「恣意性」と自由の違いだが、人類から見れば「思うがままにする」ことなので「恣意性」と言えるが、客観的に見れば人類は自由を得たことになる。他の「生き物」と比較すればかなりの自由を得たので、自由は自然界から見た場合の言葉と言ってもいいだろう。そこでここでは、「恣意性」よりも先ずは「自由」について考えてみたい。

自由には明るいイメージがあるが、ちょっと突っ込むと複雑な内容が見えてくる。例えば自由だからと言って何をしても良いとなったら、攻撃制御システムを凌駕した人類のことだ。簡単に殺し合いが生じ、種の繁栄はストップする。実際、数百万年前から多くの種類の人類がいたと言われるが、結局は殺し合いがあり、北京原人の骨の横には別の種の焼かれた人骨があったと言われる。それからの何十万年もの長い間においても、人類の歴史には常に殺し合いが行われた形跡があって、ここらまでは石器類が発達しても、「動物」と同じで自然の中での生活を送っていたと考えられる。

では、自然の摂理とは違った独自な社会を作るようになったのはどのくらい前かというと、遡っても一万二千年ぐらい前ではないかと言われている。後で触れるが、自然生態系の一部を切り取って人工的な養育を施しての植物の穀物化と動物の家畜化に成功したからだ。これが出来る場所は当時では気候が似る東西へと延びる地帯だったので、人類もまたその方向に拡がって行ったという。たとえそうであっても、全くの未知の場所での暮らしは大変なので、いくらこれに成功したとしても、以前に比べればであって、飢え死もあり得たし、死とは隣り合わせであったろう。

人類とは違って、他の生き物はそれぞれの生きる場所を選んで棲み分けして各々の環世界に生きている。これは自然の中での適者生存とも言えて、自然の摂理に従って住み易い環境を分け合って生きているわけだ。生き物にとっては、この環境にいれば「楽園」であって、適者生存の枠から見れば知能が発達したチンパンジーでさえもこれを守り、生活し易い環境の中での種の繁栄を育んでいる。人類は適者生存の枠を逸脱して自由を得て、自分で環境を選べるものの、己の力でその確保をしなければならない。自由だが新たな場所では何が起きるか分からないことから、「次に何をするか」を必死に考えざるを得なく、「何をしていいのか」という自由の持つ迷いの困難も同時に背負うことになったのだ。

即ち、自由を得たと言っても、諸手を挙げて素晴らしいとは言えない。というのは、次に何をするかを考えなくてはならないからで、何処にいても食料の確保を考えざるを得ず、また一人での行動は捕食獣に捕まり易いので群れを成して行動し、危険を避けるしかなかったのだ。

だとするとせっかく自由を得ても、集団の色々な制約の中で生きるしかない。アリストテレスが人類を社会的動物（ポリス的動物 anima politica）と言ったのもそれであって、集団で生活するのが人類には必須だった。孤独はなるべく避けたいというのは人類に染み付いたトラウマみたいなもので、発展した現在でも他人に認められて評価されたいという動機が根強く働くのは、人類が常に群れていて、群れの中で問題を考えざるを得なかった残滓《ざんし》なのであろう。

自由の二面性

こうして人類が自然の摂理から一部にせよ、得ることの出来た自由について、粗っぽく分けて二つの自由を考えてみたい。一つは「禁止からの自由」であり、もう一つは「積極的な自由」だ。

「禁止からの自由」とは、知能でもって自然の摂理からの離脱を果たしたことを指す。これに全面的に縛られなくなったことは、人類に広い世界を齎《もたら》しはしたものの、自由を得たがゆえに自分で考えて生きざるを得なくなって、「積極的な自由」問題の発生にも至ったのだ。このように、自由には二面性があって切り離せず表裏一体を成している。縛られていたことからの解放の自由は、その途端に次を自分で考えなくてはならなくなることと同義でもあるのだ。

そこで最初に「禁止からの自由」を検討したい。

これは縛られていたことからの自由だが、現代でも厳として存在していて、高校生の例では校則がそれに当たる。あれをしてはいけない、これをしてはいけないと言われ、髪の毛の色から服装に至るまで、禁止、禁止のオンパレードで自由がない。無論、高校生はこの禁止を破りたがる。これが「禁止からの自由」である。

しかし校則に縛られた高校を卒業して職業人や大学生になると、それまで禁止された酒を飲んだり、タバコを吸ったり、パチンコに行ったりが出来るようになる。禁止の指令が無い分、情況は一変して何をしても怒られないので、禁止からの自由の気分が初めの内は尾を引き、謳歌《おうか》出来て楽しい。しかし「禁止からの自由」は禁止を破ることにスリルがあったのに、今は消えた。何をしてもいいとなると、この「禁止からの自由」は色褪せてしまい、何故に自分はこういうことをしているのかを考えざるを得なくなって、自分なりに納得する必要が出てくる。

自由の本質がここにある。禁止されると、何で禁止するんだ、やってもいいじゃあないかと反抗するが、禁止がなくなると抵抗感もスリルもなくなってやっていても面白味がなくなり、何でこんなことをしてるんだとじきにマンネリ化して飽きてしまう。

哲学的に言えば、禁止される時は、「高校生がタバコを吸って何が悪い、こんなことを何で禁止する、やってもいいじゃあないか、そんな禁止は意味ねえよ」と、意味のない禁止を破ることに意味があるように思える。しかし禁止が何もなくなり自由になると、「積極的な自由」として恣意的な意味付けが必要になる。「ストレスの解放になる」とか「仲間内に入るため」とかの意味付けをしても、しっかりした意味付けになると中々、難しい。考えるのも面倒なのでいつの間にかタバコを吸うのも止めてしまうこともあり得る。

自由の付属物である意味付け

「恣意性」について述べているのに、何で自由論を言い出したのかというと、「恣意性」と自由は似ていて、視点の違いからその差は生まれるからで、自由と「恣意性」は強く連関していると言っていい。

例えば自由の一つの側面である「積極的な自由」は、「恣意性」の一つの側面を言っていて、次に何をするのかを己で決める意味付け（理由付け）が必要になる。「恣意性」の中に隠れていて分かりにくいものの、恣意的に行為すると言っても、己が何故にこの行為をするのかの意味付けがあって初めて意味のある行為が可能になるのだ。

例えば原始時代。一部の自由を得た人類は何処で生きても良いものの、そこではどのような行動をしたら意味がある行動なのか、即ち、何処で食料を得られるのかという生死に関わる問題と繋がり、次の行為への己で作る意味付けが必要になるという「業」を人類は背負った。

こうした意味付けにこそ、人の社会の本質が見える。

本能から縛られなくなった「恣意性」を得た代わりに、次に「何をしたら良いのか」、また「どうしてそれをするのか」という「積極的な自由」への意味付けが付いて回るようになり、生きている限り「次に何をしたらいいのか」とは離れられなくなったとも言える。それと個人に限れば既に言ったように、人は社会や集団の中での定位という己の位置を定められないと不安になる。それで集団や社会の中で己の居場所を決めようと、ここに己の場所があると意味付け出来るから生きていける。

それと自然の摂理に闇雲に従う行動と違い、自由を得たものの、新しい環境では己の行動を己で考えなければならない。「何でその行動をするのか」と、一々の恣意的な意味付けが必要になる。面倒だと何も考えずにいたら、食料を見つけるのは偶然になり、マゴマゴしていたら食料に有り付けずに死を迎えることにもなりかねない。

現代での意味付け

こうして「積極的な自由」では意味付けを活用して、自由を制御したり、将来への計画を立てたりすることで人の社会は発展した。無論、原始時代であっても「積極的な自由」を持てたことから食料調達での意味付けが必要になって、その成否は生死を分けるものになりかねなかった。これからすれば自由と意味付けは切り離せず、人の「業」になった。なのに、整備された現代社会では意味付けを回避したければ出来るように思えてしまい、必要性は変質した。しかしこれには条件がある。衣食住が満たされて「取り敢えず生活するのに煩わされない」ことが充足されて、初めて意味付けの回避が可能になるということだ。

現代で問題なのはむしろ逆であって、身勝手な意味付けを作れる自由が横行していることが様々な弊害を生んでいる。物が溢れるようになって、他人との協力を目に見える形で行う必要性が減り、集団での縛りも緩くなって他人を気にせずに暮らせることから身勝手な意味付けが可能になった。だからこそ、「こんなクソババアは殺してもいい」という『罪と罰』のラスコリニコフ顔負けの恣意的で身勝手な意味付けが、今では簡単に出来て跳梁跋扈《ちょうりょうばっこ》するから厄介なのだ。

しかしこれはあくまでも「しようとすれば出来る」という仮定の話である。恣意的に意味付けしようと思えば出来るものの、それにはまず社会的に認められる必要がある。例えばタバコ。高校時代なら禁止されても、「こんな規制は意味ない」と、意味のない禁止に反対すること自体に意味があるように思えた。しかし卒業して自由を得ていつ吸っても怒られないとなると、初めは自由に吸えて嬉しいものの、彼女から「私は臭いが嫌いよ。何でタバコなんて吸うの」と問われたら、それに自分で答えなくてはならない。「タバコが好きだから」と言う意味付けだと、「私はタバコが嫌いだから、アナタとは付き合えないわ」と言われたら立つ瀬がなくなる。

タバコでも、他人に説明するとなると「吸ったら何か良いことがある」という意味付けを他者に理解して貰えるようにしないと、聞き届けられない。しかしそんな意味付けが簡単に作れるわけがない。「精神を安定させるため」だとか、「大人への入り口の儀式」とかの無理やりの弁解をしたとしても、それはタバコでなくても出来る。弱くて屁理屈に近いどころか、嫌煙の異性に嫌われる。それだけでない。どの意味付けにせよ、世の中に認められる積極的な意味付けを作るのは大変な作業なのだ。

ところが現代では衣食住が足りたので、己の意味付けが世の中に認められるかどうかを考慮せずに身勝手な意味付けを作れてしまい、「恣意性」の悪い面が出易くなった。これこそ人が自由を得たが故の負の問題であり、こうした事態が現代の底を流れるのを無視すると、色々な問題が起きてしまう。無論、一般的には自分の意味付けの論理が社会に認知されない限り意味を成さないことは知っている。けれど、物が溢れるようになった現代はそれを無視したり、個人的な論理だけの身勝手な意味付けをして行為することを可能にしてしまった。

自由の本質

このように自由は「恣意性」を中立的観点から見たもので、問題を分かり易く示してくれる。例えばせっかく自由を手に入れても、積極的な意味付けが厄介なことから自由を放棄することもあり得る。

社会学者エーリヒ・フロムは『自由からの逃走』の著作の中で、自由の持つ問題を鋭く分析する。即ち、人は自由の中にいると自分で己の行動の意味を考えなければならない重荷を背負うので、わざわざ自由な社会から統制された不自由な社会へと逃げ込む傾向があると。己で意味付けする自由を持て余し、己で考える面倒くささを嫌がり、そこから逃げてわざわざ拘束されに行くと。この典型がヒットラーが率いた戦前のドイツで、ヒットラーの上手い演説に魅入られた部分があったにしても、純血のドイツという理念の下に統制されることにドイツ国民は喜んで従ったのだ。これはどの国でも起きることで、戦前の日本で天皇を現人神《あらひとがみ》にして「神国日本」の理念の下で戦時体制へと突入したのも同様だ。中国も同じで、共産主義という平等の理念を掲げ、人々はそれに従ってはいるものの、現状は不平等が進んで遂行は難しくなって変更を余儀なくされ、「偉大な中華民族」をその代わりに掲げてそれに頼っている。

これが自由の持つ二面性である。一つは受動的な意味付けでの禁止からの自由と、もう一つは能動的なので意味付けを必要とする自由ということになる。これは自由の表と裏であって、一体なのでこういう話もある。

例えば人が荒野に放り出されると、猛獣に襲われる恐怖から頑丈な檻を作る。作ったら中に入って、アー、これでひと安心となるが、しばらくすると窮屈な空間に飽きてしまい、自由にやりたいと思ってぶっ壊す。「アー、これで清々した、自由になった」と喜ぶのもつかの間、猛獣に襲われるのではないかの不安に苛まれ、頑丈な檻を再び作って住むというのを繰り返すという。自由の二面性を表すエピソードだ。

どちらにしても、積極的な自由には意味付けの問題があって、人類が自然の摂理から一部にせよ得た自由であっても、自分で考えざるを得ない。その上、考えて幾つかの選択肢を作ったとしても、その中の一つに決めて行為せざるを得ない。特に攻撃制御システムの欠陥をどう統御するのかの規制もそれであって、意味付けをきちんとしないと殺人が日常的に起きてしまい、種の繁栄は望めなくなるのだ。

意味付けの持つ現代的な意味

何故に自由の問題を意味付けにリンクさせたのかは、「恣意性」が意味付けとリンクする側面を持つからだ。物が溢れるようになった日本ではこの原点が底に沈んで見えにくくなり、危険性が潜むことに気付けなくなっている。本来、こうした意味付けは生きるために皆が協力して作った社会的で重要なモノであるのに、少し豊かになると余裕が生まれ、社会的な意味付けをサボったり、これに乗じて個人が身勝手な意味付けを作ったりすることが出来るようになるから厄介なのだ。

確かに人は「恣意性」を持ったことから意味付けが必要になった。これは、自由を得たのと同じ時期であったであろう。この認識は、歴史の底に沈み込み、人の社会の表から姿を消したように見える。だが、見えなくても無くなってはいない。底を流れたり沈んだりしてリスクは見えにくく、つい無視しがちになるが、無視しようがしまいが如何せん、人に付いて回る。どうやっても取り去れない「業」なのを現代では忘れがちだが、結局は無視出来ない。それと、もう一つ重要な点は積極的な自由と同じで、「次に何をするのか」の意味付けが常に付いて回りはしても、絶対的な意味付けはあり得ないことだ。その上に状況が変われればそれに応じた作り替えをしないと生きて行けないのだ。

確かに意味付けは色々とある。日常レベルの意味付けならば、どちらに転んでも大したことはない。たとえ間違えても糺《ただ》せば済む。しかし国の重大な局面での意味付けになると簡単には行かない。責任ある意味付けをしないと大きな問題になる。これが目に見えるので腰が引け、政治家や官僚の不作為の作為の原因にもなるのだ。

では、意味付けをしなくてはならない重大な局面になっても、中々、出来ないとなると、どうしたらいいのかということになるが、こうした場合には時として、絶対的なモノかそれに近いモノ、つまり、神とか神に近い絶対的なモノを頂き、そこに託して切り抜けようとすることが起きる。

中東でのテロのジハードという意味付けがそれであって、イスラムの神を持ち出してテロを正当化したのだが、イスラムの人に言わせるとそんな解釈は出来ないという意見も多い。これなども人の社会に欠ける絶対的なモノに頼ることで権威付けし、意味付けを安定させようと神を持ち出す一例だ。戦前の日本で苦境を乗り切ろうと天皇の「現人神」を設定したのも同じことだ。

このように安定を齎《もたら》したいがために絶対的なモノを持ち出そうとするのは、絶対的なモノへの依存が脳と直結しているからだとも言われる。脳科学者レスタックの説に拠ると、危機に瀕すると古代的な脳、即ち、爬虫類や両生類の脳幹レベルにある儀式を大切にする所に戻るという。

どういうことかというと、儀式を大架裟に挙行すると、本能的に安定するのだというのだ。例えばある種のトカゲ。二匹が出会うと、尻尾をピンと立てて儀式的な威嚇をして相手を圧倒しようとするが、そこのレベルへ人類も戻るのだと。

要するに、原始的な脳幹のレベルでの所作、つまり、儀式を大袈裟にすることで「確固たる安定が齎された」と脳の所で判断させ、そうすることで快感が生じるのだという。それでなのか、社会が混乱すると、人は本能的に大袈裟な儀式を大切にする所へと戻ろうとする。この傾向の典型例が北朝鮮や中国にある。危機に瀕した場合に備えて大袈裟な軍事パレードやマスゲームをすることで人々に精神安定を齎すのが脳生理学からでも説明が出来るというわけだ。

また個人的な精神安定にも同じことが言える。例えばキチンとしたスーツを着てネクタイを締め、とても上品な紳士に見える人がとんでもないことをしている場合もある。こういう人は己のしている悪を知っていて不安を抱えているので、外見を整えて内面の動揺を出さないようにするからだろう。無意識にせよ、そうでないにせよ、こうした服装と振る舞いをすることで安定したと己を騙しているのだ。しかもこの人が社会的に地位がある人だと、人々はこれに騙され易くなる。これもある種の儀式的な装いを見ると安心してしまう人間の性分と繋がっている。

逆にラフな装いをまとったヤンキー連中の場合は、このラフな装いというのが儀式であって、これを皆が同じように装うということで、安定を齎すと感じている部分もあるのであろう。

四　「恣意性」から来る意味付けのプラス面

行動の自動運動化

「恣意性」が悪い出方をする殺人や身勝手な行為は、「したいようにする」ことから出ているので、「恣意性」を起源とするというのは直截的《ちょくせつてき》で分かり易い。しかし良い方の出方になると、本当に恣意的にそんなことが出来るのかとなり、分かりにくくなる。やりたいようにするのと逆の抑制に関わることだからで、「恣意性」から本当にそんなことが出来るのかとの疑いから、どのようにしてそれが出てくるのかが考えにくい。そこでここからは「恣意性」がどのようにして良く働き、どうやって人や人の社会に良い影響を及ぼしてきたのかについて述べたい。

既述のように、生き物は本能に従って生きるが、人類は一部にせよ、それから離脱して本能とは違う行為を可能にした。ここで「離脱」とか「従わない」とかと言った時に、その従っていたものが何かが問題となってくるわけだが、その対象が自然摂理だということは既に述べた。

例えば腹が減った場合に、人はどうするであろうか。環世界にいて本能的な行動を取っていたとしても食料が見つからない場合もあり得るのに、そこから離れた人類はそれ以上の行動を必要とするようになった。確かに今迄と違い、何処で何を手に入れるのかは自由であるものの、新しい場所では、「どのようにして何を手に入れるのか」をよく考え、「これをしたら上手く行く」という理由付け（意味付け）をしなければ、どう動いて食料調達を何処でしていいのか分からなくなる。少なくとも意味ある行為をしないと見つけられないので、どのようにしてもいい自由があっても、目的を己で作り、その目的にあった意味ある行為をするという意味付けした行為をしなくてはならなくなった。

もし出鱈目に動いたとしたら食料の確保は難しくなる。じっくり考え、あれかこれかと様々に選択肢を作り出して、その中から選んで動くしかない。つまり、次にどうするかを考えて、新たに幾つかの選択肢に恣意的に理由付け（意味付け）してから動かざるを得ない。何も考えなしでは動くに動けず、恣意的に次の行為を己で考えることが必須となって、そこからプラス面の有意味の行為が生まれたのだろう。これを齎《もたら》すには自ら意味付けしての行為でないと不可能だったのだ。

ここまで「意味付け」という妙な用語を使ってきたが、整理すると、自然の摂理から離脱を果たしたことから、己で次の行為を考えて、幾つかの選択肢を作り、目的に合致するのをその中から選んで決断して行為をしたのだ。そこで必要になったのが、「何のためにするのか」という意味付け（理由付け）である。この意味付けだが、後述するように意味付けには論理に拠るものとイメージでの映像化とがあって、「恣意性」を駆使してそれらを作り得たことから、何とか人々の暮らしが成り立ったのだろう。

このように目的に合う行為を生み出す意味付けは、「恣意性」から来るプラス面を形成することにもなる。例えばやりたいようにやる恣意的行為にしても、己だけでなく人の社会にもためになる行為を生み出す意味付けであれば、重要な意義を持つことになる。

そんなことが本当にあるのかと思われるかもしれない。しかし、人はやりたいようにすれば、辛い方には向かわないものだ。己にとって得になるようなコトにしか意味付けは向かないのが普通だとも思えるが、実はそうとも限らない。何故かというと、先を見込んでの計画的な行為であれば、やりたいようにするのを今は抑えても、己の利得になるのなら辛くても我慢するからだ。もっと言えば自分のためだけでなく、集団や日本や世界や人類のためになるような行為への意味付けなら、もっと真剣にやろうとするようになる。

比較的に分かり易い例がプロの運動選手にある。辛くても上手くやり遂げさえすれば己の報酬も高くなるだけでなく、人々に認められるというインセンティブを持てるので、苛酷な練習であっても必死に練習に打ち込もうとする。これこそがプラスの意味付けであって、運動選手だけでなく、発見や発明も同じなのだ。目の前の己の利得というよりも、人類のために努力をするというのもそれである。無論、研究を持続する理由としては新しいものを探究するのが面白いこともあるが、彼らは結果が出ない辛い時が多いのに研究をし続けようとする。またプロでない運動選手のオリンピックになると、人類がそこまで出来るのかと思わせるような最高点を示して人々の感動を呼び、その称賛が彼等の練習の後押しをする。

そこでここからは「恣意性」から来る意味付けに本当にプラスに働く力があるのかについて述べるが、人類が本能行動から一部にせよ離れてもなお人の社会が発展したのを見れば一目瞭然であろう。もし攻撃制御を働かなくした「恣意性」のマイナス面しか人類が持たなかったなら、殺し合っていつか滅亡しているか、発展は不可能だった。しかし「恣意性」のプラスの働きである独自の意味付けを作り出して、どうにかしようとしたので何とか生き延びられたのだ。

とは言え、人はいくら意味付け（理由付け）を様々に作っても、その中の一つを選んで決定して行動するしかない。いくら生きるのに役立つと考えて色々なモノを何とか作り上げようと多くの選択肢が出来ても、その中の一つを選んで行動するので、そこには決断での迷いが生じる。というか、いつもいつも適切に選ぶのは難しいのと、一旦、作り上げて、この時はこうするというのに慣れると、惰性態となって意味付けを意識せずに表に現れなくなる。そうしているうちに年月が経ち、この意味付けは隠れて見えなくなってしまう。

このように言うと、「己の行動に意味があるかどうかなんて、考えたことない」と言う人がいるかもしれないが、「考えたことがない」とは「必要としない」ことになる。こう言えば、「必要だから意味付けしたと言ったのに必要ないとは矛盾する」と言われるだろう。しかし意識していなくても、行為の時には人に付いて回っていて、表に出なくて隠れているだけで意味付けを必要としていないように見えるが、何かが代わって働いているということになる。

何かと言えば、先ず個人としては既述の格率（個人が作った行動規範）に従って行動するので無意識に動けているだけで、意味付けが見えていないのだ。もう一つが、皆がするようにする社会的慣習である。これに従って無意識に行動するので自分は考えていないように思える。現代のように整備された社会生活ではこの慣習化された行為が多くなっていて、意味付けが見えにくい。

では、個人的格率から来る個人の習慣化や社会的慣習がどうして人の行為に組み込まれたのかだが、答は簡単だ。一つ一つの行為への意味付けを考えることからの解放と効率化である。それというのも、良い「恣意性」から次の行動の一つ一つに意味付けをせざるを得なくても、いつも考え考えしていては疲れてしまう。また効率も悪いので、人々は個人的な習慣化や社会的慣習を作った。これに従えば、いつも考えなくても生活出来る。そこで秩序ある社会を作り、その中で皆がやる通りにやる慣習システムを作った。この中にドップリ浸かっていれば、同じ繰り返しが多い日常なのでいつも考えなくても無意識に生活していても暮らしていける。

これこそが人類の知恵であり、恣意的な意味付けによる個人的習慣化や社会的慣習を作った。それらは時の経過で社会の底に隠されて見えにくくなっていても無くなってはいない。例えば挫折したり困難に直面したりすると、これからどうしようかと迷い、己で意味付けを考えざるを得なくなる。またそこまで行かなくても、何となく惰性的に何も考えずに生きていても、フッと我に返り「一体、己は何をしているのか。これからどうしたらいいのか」との不安と虚無に襲われ、人生の意味を再考せざるを得ない経験は誰しもあるだろう。これこそが隠された意味付けが表に出た瞬間になる。

現代ではそうした虚無感に襲われた時に、ただちにこれを打ち消そうと、深く考えもせずにいきなり一人だけで恣意的で身勝手な意味付けから行動を敢行するので危険になる。充実した意味付けが一人で簡単に出来るわけがなく、独りの身勝手な意味付けには問題が生じやすいが、これが出来るのは衣食住の豊かさと国の安定があるからだ。身勝手な意味付けをする「自己中グループ」の出現もこれと同様だ。

個人における意味付けの慣習化――歩くという自動運動化

こうした個人的習慣化や社会慣習化とは別に、肉体の動きのレベルアップにおいても意味付けのプラス面が活躍する。こう言えば、「肉体の動きに意味付けして、しかもプラス面があるというのか」と訝しがられるだろうが、もちろん日常的な身体運動にも意味付けの慣習化は存在する。「動き」に一々、意味付けをしなくても繰り返しを続けることで考えずに動けるようになることで、これを「自動運動化」とも言う。ここでの重要な点は、恣意的な意味付けで訓練をし続けることだ。「恣意性」から出た意味付けの持続無しでは、人は「自動運動化」には成功し得なかったのだ。

肉体の動きにおいて、このような意識なしに動ける「自動運動化」があると言えば、「そんなものがあるのかい」との疑問を再び浴びせられよう。実はこれも底に沈み、普段は見えにくいものだ。というか、見えなくなっていると言った方が正確だが、表面に現れない他の意味付け同様、これも人の社会では重要な役割を担っている。「自動運動化」を進めることで、人は色々と高度な動きをするようになったのだ。

先ずは「自動運動化」とは何であるのかを示そう。

簡単に言えば、一つの「動き」をリピートするという意味付けをした上で何回も繰り返し、ついには無意識であっても動けるように自動運動化に至る所まで訓練することを言う。「歩く」のもそれに類する。こう言えば、「いや違う、歩くのは本能だ」との反論があろう。確かに微妙な問題でもあって、本能とも取れるし、本能でないと取れる部分もある。

こんな曖昧な言い方を何故にするかというと、先にも触れた「狼少女」のことが想起されるからだ。以前、インドでシング牧師に見つかった狼少女は、歩行を訓練させられても終生歩くことが難しかった。もし生まれつき人類が歩行出来るのならば、狼少女の歩行は簡単に出来たはずだ。なのに、そうではなかった。

多分、幼時期に歩行訓練をして筋肉や骨盤を歩行に合うように発達させ、惰性的に歩ける自動運動化の域にまで達していないと、歩行は難しいであろう。もちろん訓練しさえすれば歩行が出来るから、それは本能の領域とも言えるし、訓練をしなければ歩行が困難になるから生まれつきとは言い難く、本能ではないとも言える。

例えば他の動物でシマウマ等の草食動物は生まれてすぐに動ける。また鳥でも巣立ちに時間がかかるといっても、人の歩行訓練のように上手く出来るまでに一年もかかったりしないし、そこから走るといった運動の高度化にも大して時間がかかるわけではない。

人類は意識的に意味付けを重ねることで自動運動化システムを作り、うまく歩行を発達させた。言い換えれば、歩行は本能に近いものの、人はそれを自動運動化を経て習慣化してスムーズにさせ、次のステップへと発展させたのだ。歩行を成し遂げれば、次の走りへと行ける。

チンパンジーを見ると二足歩行が出来ないわけではないが、常時は出来ない。自動運動化には訓練の長期化が必要になるので、意味付けをして本能とは関係ない複雑な部分にまで拡げる必要があった。肝心なのは自動運動化の原点が本能ではなく「恣意性」からの意味付けであることで、それが故に人類文化の発展に大いに寄与したのを見過ごしてはならない。

本能に近い人の二足歩行がいつ頃に始まったかだが、その時期は必ずしも定かでない。二足歩行を始めたと一般に言われている七百万年前の段階では言語能力が未発達だったので、当時の人類が敢えて意味付けして二足歩行を始めたとは考えにくい。多分、DNAの所でも触れたように、二足歩行を可能にした種の人類が偶然、生き延びたのであって、意図したものではなかったのだろう。とは言え「歩行することに意味がある」と意味付けをして考えない限り訓練などやらないので、そこには微妙な問題も残るが、何はともあれ必要性を感じたから二足歩行を続けたのだろう。しかもそれによって脳の発達が促され、一石二鳥になったからこそ続いたということだ。

このように、二足歩行に強力なインセンティブや意味付けがあったかどうかは分からない。最初の頃は、これが本当に必要な能力かどうかを疑いながら歩行訓練をしていたのかもしれない。ただ、それにつれて脳の発達という副産物が生まれ、その選択をした種の人類が力を得た。そうして結果的に二足歩行の訓練に拍車がかかったとも考えられる。

とにかく、歩行訓練は大変な作業なのだ。赤ちゃんの二足歩行の訓練を見ても、両親が褒めて褒めて、やっと出来るようになるのにも大変さが現れている。赤ちゃんは人類の発達段階を辿っているのだろう。

二足歩行が訓練から来る自動運動化と深く関わっていることを示すもう一つの例が、階段を降りる時だ。フッと次に右を出していいのか、左を出していいのかと迷った体験を持つ人はいるだろう。特に足を骨折して松葉杖をついて階段を降りようとする時など、どちらの足を先に出していいのかを迷う場合がある。しばらく歩行をしないせいで動きがぎこちなくなったからで、これこそが自動運動化の側面である。

二足歩行と違い、本能に近いものだと取れるのが赤ちゃんの「首が据わる」現象である。訓練という程のことをしなくてもモノに出来るので、本能に近い自動運動であろう。これを何のためにするのかに遡ると、二足歩行のためには頭を上げ続ける必要があるという事実に突き当たる。

ここでの重要点は、本能に近いにせよ、補う形にせよ、我慢のリピートをすることで自動運動化を成し遂げるやり方を人類が確立したことである。逆に言えば、脳が発達して人の社会が高度で豊かな文化を築けた背景には、リピートするという自動運動化の努力があったのだ。現代においてはこれをつい忘れてしまいがちになっているが、こうした努力を蔑《ないがし》ろにしたらいつか社会は弱ってしまうだろう。

未熟児の問題

二足歩行のような自動運動化が人類文化の発達に大いに寄与したものの、これを手放しで喜んでばかりはいられない。というのも、二足歩行の自動運動化が成功する過程で、脳の発達が進んで胎児の脳が大きくなってしまい、産道を通れなくなって、未熟児で産むしか他になくなった。仮にもし現代人が未熟児でなく産むとしたら、二十一カ月が必要と言われる。これだと脳が巨大化して産道を通れない。やむを得ず未熟児で産むしか方法がなかったということだ。

未熟児を産むというのは何でもないことのように思えるが、実際には大きな問題が生じる。自然生態系の中で生まれてすぐに動けない子を抱えれば、親子は機敏に動けない。捕食獣に捕まり易くなって危険を伴う。なのに、敢えて未熟児を産むというハンディを背負う危険を犯してまで二足歩行にこだわった。この理由は何であろうか。

それはＤＮＡの所でも触れたように、知能の発達への書き込みをした種の人類が偶然、繁栄したからだろう。二足歩行が齎《もたら》したことによって脳の発達を促進させたのが上手く働いた。つまり、ＤＮＡの知能発達への書き込みと二足歩行は強く連関するのだ。

何故そうなのかというと、人類と同じように知能発達への書き込みをした類人猿は連続した二足歩行をしないという選択肢を選び、人類とは別の道を歩むことになったからだ。もしも人類が二足歩行をしなかったなら、知能の発達も類人猿辺りまでであった可能性は高い。

説明出来ないモノは色々とあるものの、自然の一部から離脱して「恣意性」に満ちた意味付けを可能にしたことで、人類が発展したと考えられるのは確かだろう。現世人類になるまでの間には、色々な種の人類が栄えては滅びたと言われるが、「歩行の重要性」を重視した上で習慣化して発達した種が生き延びた可能性は高い。

これを示すのが、二足歩行の習慣化が現代人にとっても重要だという事実だ。人間の体は歩くことで血の巡りが良くなるよう仕上げられているので、寝たきりになって歩かなくなった老人の場合は血の巡りが悪くなって衰弱し、体に支障を来たし易くなる。

要するに、歩くというのは脳の発達を促すだけでない。習慣化して歩くことで体の状態も順調になるように人は進化している。人類は生まれて一年ぐらいすると歩く訓練を始めて、自然に動けるような機構の自動運動化を成し遂げたことで、社会を発展させてきたのだ。

語学と自動運動

ここからは本能と関連はするものの、より恣意的な自動運動化について触れたい。母国語をしゃべる機能である。

こう言えば、二足歩行と同様、「言葉をしゃべるのが自動運動化だって。そんなのはおかしい。他の生き物がしゃべれない以上、しゃべることは人間の本能ではないのか」との反論も出てくるだろう。確かに、声を出すだけなら本能と言ってもいいのかもしれない。九官鳥がしゃべるのもそれだが、九官鳥は複雑な言葉を自在に操れない。ただ真似るだけだ。

これからすると、声を出すという器質的な面だけを取れば、九官鳥と同じで本能になるが、複雑な体系の言語を操るとなると純粋に本能とは言い切れなくなる。これについては後述する。

ここでの注目点は「声を出す」ことの器質的な面の発達に二足歩行が関わるという点だ。直立歩行することで頭に掛かる重力が少なくなって、脳の発達が促されて中身が大きく重くなり、咽頭《いんとう》が押し下げられて狭くなって狭窄化《きょうさくか》が起こって、笛のように複雑で微妙な発声が可能になった。即ち二足歩行が脳を発達させて一石二鳥で発声の多様化をも招来させたとも言われているのだ。

しかし、脳が発達したことで本能的に無条件に言葉を操ってしゃべれるようになったのかというと疑問符が付く。というのも、先にも触れた狼に育てられた少女達は人の社会に取り込まれてもうまくしゃべれなかった。これからすると、二足歩行と同じで、言葉を話す能力もある時期に訓練しないと駄目なようだ。耳から入って来るのに加えて、親が繰り返し繰り返し子供に言葉を教えることで自動運動化しないと、なかなかしゃべれるようにはならない。言葉の発声の繰り返しをして、自動運動化をさせようと親が子に言葉を教えることが重要になってくるのだ。

二足歩行同様、言語能力の発達もまた、「恣意性」から出た「繰り返しが重要である」との意味付けが無ければ、起こり得なかったと考えられる。繰り返しが重要という意味付けから来る自動運動化が「しゃべる」ことでも必要だとすると、外国語を学ぶ場合はどうなるのかも気になるところだ。随分と頭を使い、いくら暗記しても、自動運動化した母国語のようにはしゃべれない。これはどうしてなのか。

ここに外国語を学ぶヒントがある。自動運動化というのは、○○をするのに意味があるという意味付けからのリピートになるものの、誤解し易いのだが、ここでリピートすべきなのは頭脳というより肉体運動の部分だということだ。意外なことに、外国語を学ぶ場合でも「発声の繰り返し」という頬とか舌とかの肉体的な筋肉運動が重要なのだ。逆に頭を使うから覚えられない。

外国語を学ぶことが肉体的なモノと結び付くというとおかしく聞こえるかもしれないが、そうとしか考えられない。というのは、もし頭脳でしか外国語を覚えられないとしたら、何で外国生まれの日本人が頭脳の善し悪しと無関係に、その地の外国語をペラペラとしゃべれるようになるのかということになるからだ。

ヒントは簡単で、毎日毎日しゃべることにある。しゃべるのは声を出すことで、声を出すのには何を使うかというと、頬とか舌とかの口の中の筋肉を使う。いわゆる肉体運動である。この頬とか舌とかの動きは大脳にあるブロカーという部分が司る。だから、そこの筋肉の自動運動化にまで至ると言語野であるウェルニッケと結び付き、自然にしゃべれるようになると考えられる。単に言語野という所だけに着目しても、何故、母国語がしゃべれるのかの説明がつかない。しゃべる筋肉を自動運動化して初めて、運動野と言語野が緊密に結び付くのであろう。要は「口の中の筋肉を使って繰り返ししゃべり、筋肉の自動運動化へと導く」ことの重要性を理解した上での、「声を出すのが重要である」との恣意的な意味付けが大切になってくるのだ。

この「声出しのリピート」で自動運動化するのが重要だということを如実に物語る話がある。以前、ノンフィクションで賞を取った人の話だが、アメリカに何十年か住んだ後、故郷に帰って来た所から話は始まる。発端としては近所の高校生が留学生試験に合格したので英会話を教えて欲しいと言って来たのだ。何処にでもある平凡な話であるが、彼女がやったことが面白い。

五メートルぐらい離れた所に高校生を座らせ、そこから大声でアルファベットの発音をさせることから始めたのだ。

彼女が自動運動を分かってやっていたかどうかは知らないが、大声で発声させることで正しい筋肉の動かし方を学ばせようとしたのだろう。無論のこと、高校生は驚いた。

英会話を学びに来たのに、大声の叫び声を出すことだけをやらされたのだ。あまりに単調で退屈な訓練だったので、「私は英会話を教わりに来たのであって、叫びに来たのではない」と怒り出した。ところが、彼女は「それが嫌ならやめなさい」と諫《いさ》めた。

高校生は困った。そんなことを言われても、田舎では他に教わる人もいない。仕方なく、レッスンを継続した。優秀な高校生は我慢強かったので、彼女に従って大きな声を出し続けた。但し、最後の授業だけは先生の方でアメリカでのプレゼンテーションの模範を書いてやり、それを暗記させて送りだした。

現地でのプレゼンテーションでは留学生グループの一人一人がスピーチをしたが、その高校生だけが特別に上手かった。というか、上手いのレベルを越えていたのがハッキリしたのは皆のプレゼンテーションが終了した時だ。アメリカの高校生達が皆、彼女のところに集まって来て、「あなたは何年、アメリカに住んでいたのか」と、口々に問うてきたのだ。しかも彼女は質問のやり取りもスムーズに出来た。同行していた他の高校生は皆、初めてなのでうまく聞き取れなくて戸惑っていたのに、彼女だけは全て聞き取れ、何の不自由もなく会話が出来たという。

出来過ぎの話だと思うかもしれないが、ノンフィクションで本当の話のようだ。これから分かるのは、何故、彼女がそこまで英会話が出来たのかということで、筋肉の自動運動化が出来ていたからだろう。

要は外国語をしゃべる時には外国人が使うのと同じ筋肉運動をすれば、聞き取りや発声が精確に出来る。即ち、同じ筋肉運動をして自動運動化していれば、筋肉の同じ動きを脳が察知して理解出来るようになる。例えば、日本人でもゴニョゴニョと言ったり、曖昧に発音されたりしても、何とか分かるのは同じ筋肉運動を察知するからだろう。

この例で言えば、高校生は怒鳴るような発声をさせられて筋肉を良く使い、反復することで自動運動化した。アメリカ人と同じ発声の筋肉運動を身につけたと考えられるから、彼女の発音は素晴らしく、アメリカ人にも良く分かり、何年、住んでいたのかと聞かれたのだろう。聞き取りも同じで、筋肉運動を身につけていたから良く聞き取れた。

これから分かるのは、外国語を学ぶには大きな声で発声をし、その国の人がやるのと同じような筋肉運動をするのが重要になる。外国人が発声するのと同じ筋肉運動をして大声を出すことを継続すれば、その言語の自動運動化が促される。本当に外国語がペラペラになりたいのなら、ネイティブと同じように発音しようとする筋肉運動を持続して、自動運動化する所までやればいいということになる。発声がネイティブと同じでなくても、結果的に同じような筋肉運動をしていればいいのだ。

ところが、自動運動化すると言っても、バイリンガルになるのにはどうやら年齢制限があるらしい。言語におけるネイティブ言語での筋肉の自動運動化は十二、三歳ぐらいで出来上がるとも言われている。

ただ、いくら母国語をしゃべっていても、その後、何十年と外国に住んで日本語を使わずにいると忘れてしまう。移民した日本人や残留日本人孤児がそれで、しゃべる筋肉を使わずにいると、いくら母国語でもしゃべれなくなる。しゃべるのが「恣意性」から出た意味付けによる筋肉の自動運動化と繋がることの一つの証明であろう。

逆に言えば母国語とまではいかなくても、繰り返しが重要だという意味付けを恣意的にして常に訓練すれば、自動運動化してネイティブスピーカーと同じようにしゃべれるようになるはずである。ただ後天的なので、使わないと、すぐに元に戻ってしまうのも確かだ。

高度な自動運動化と意味付け

繰り返しで自動運動化すると、歩くことでもそうであるように、一々、考えなくても動けるようになる。そして、次の高度なステップへと、――例えば「走る」へと進む踏み台になる。とは言え、高度化すればする程に成功することは覚束なくなる。

この高度化へは難解な所がある。というのも、高度化すればするほど、上のレベルに行けなくなるからだ。数学的に言えば、直線的とか曲線的に上昇するのではなく、ガウス関数的に上昇するのだ。ガウス関数と言うと難しく聞こえるが、これは整数の内は上に行かなくて、次の整数では次に上がるという関数であり、階段状の関数になる。言ってみれば、階段を上がるみたいに昇って行くことだが、自動運動化の場合では、上に行けば行くほどにその階段の平坦な部分が長くなるのが特徴になる。

要はプロ領域の高いレベルになると、リピートをしてもしても、中々にそれ以上は上に行けない状態を示すことになる。練習の成果が容易に得られなくて、こんなことをしても駄目だと思いがちになり、止めてしまう。それだけでない。たとえ高い上の段階に至ったとしても、ここでの自動運動化は固定的ではない。ずっと続きはしないので、このレベルを維持するにはリピートし続けなくてはならない。これもあって、優秀な選手は少ない。

確かにリピートを我慢して我慢して続けていると、いつかはピョンと上に行くことが出来るが、上のレベルになればなる程に進歩が見られない平坦で変わらない時期が長くなる上に、一旦、そこに至っても、その維持にはこれをし続けることが要請される。このことをよく知っていて、繰り返しを続けて初めて優れたプロとして状態を維持して活躍出来るのだ。

アマチュアのオリンピック選手でも、高度なレベルを維持する難しさはプロと変わりない。繰り返しは半端なものでは上手く行かなくて、他のことをしたくても全てを犠牲にしてリピートに集中し、それも長く続けないと効果が得られない。もっと言えば、生半可《なまはんか》な意味付けならば単調なリピートに耐えられずにやめてしまう。これには強固なる意味付けが必須であって、他のしたいことを一旦は諦めてリピートだけに時間をかけるという強固なる意味付けを必要とするのだ。

こうした高度なステージに至って成功が難しくなるのは、他にやりたいことを犠牲にするのが辛くなってくることも要因だが、それ以上にリピートに飽きてしまい、こんなのはやっても仕方ないという都合のよい「やめる」ための意味付けが出来てしまうからだ。リピートするのとは背反になり、図らずも「恣意性」の善し悪しの極端な両面がここに現れる。

自動運動の高度化に挑んでいると、何回ものリピートで自動運動化して無意識に動ける体を作り上げて、これを土台にした「より高度なステップ」へと進みたい欲が出る。次々と上へのステップへと行こうとする。これが難しくはあるものの、成功すればもっとより高度化した複雑な動きが出来るようになるが、この大本には「恣意性」から来る意味付けの重要な働きがあってこそ、可能になるのだ。

余分なことかもしれないが、オリンピックで速さを競い、一秒の何分の一の争いをするのに何の意味があるのかと問われることがある。「本能的な喜びがある」とか、「勝つのに快感がある」とか、いくつかの答があるものの、それより何より、意識の底を流れる「恣意性」から来るリピートの意味付けの重要性を理解して、この難関を成し遂げることに喜びを感じるからではないだろうか。また人の社会を成り立たせた礎《いしずえ》がリピートの意味付けにあったからで、高度な文化文明を作る手助けをした学問や芸術や技術部門にしても、やり方は違っても、上に行くには同じようなことが起きるからこそ、記録をめぐる争いに人々は魅了され、戦う者は称賛されるのだ。

如何なる部門の意味付けにしても、自動運動化して高度化出来るまでにしたとすれば、それは素晴らしいことだ。だが、それも人類にとっての意味付けの重要性への強い思いが原点にあったから出来ることだ。だからこそ、リピートという我慢強く努力することへの称賛は今も続いているのだ。

こうした後天的な自動運動化は、筋肉運動の繰り返しから歩行に至ったように、一旦、到達点まで行って身に付ければ、そこからはそんなに訓練をしなくても出来るようになる。だが高度な肉体の自動運動化の場合は、二足歩行のような自動運動とは質が違う。常に訓練に次ぐ訓練をし続けなければ元に戻る。強い恣意的な意味付けを常時し直さなければ上手く行かず、「訓練、訓練が必要」との強力な意味付けを自分の中で繰り返してこそ可能であって、今度はこの意味付けが必須になってくる。

もっと上に行きたいという挑戦の意味付けによって、これを可能にするのは、言語習得でも同じである。母国語でない言語をネイティブスピーカーと同じように操り、高度な言語使用をこなすとなると、常に訓練をしていないと駄目になる。どれくらいの訓練が必要かはレベルに拠っていて、簡単なレベルなら自動運動化はそんなに難しくはないが、高度になればなる程、常に訓練を持続的に行う必要がある。既述のように、高いレベルには訓練を持続する必要性があるので、何故に訓練が必要なのかの恣意的な意味付けが大切になる。というのも、もし意味付けが弱ければ、「訓練しなくてもいい」との思いが強くなり、いつしか続けられなくなるからだ。要するに、後天的な自動運動化では恣意的で強力な挑戦の意味付けを必要とするが、己が納得していないとリピート自体をしなくなってしまうのだ。

ここでの誤解し易い点は、ちょっと見では、恣意的に意味付けすることで「考える」行為に結び付きそうなものなのに、自動運動化の場合、恣意的な意味付けによる高度化は、こうした考えることを「省く」方向に行くということだ。矛盾して見えるが、例えば外国語習得の自動運動化が思考停止を意味するのではないのは明らかだろう。ツールとしての外国語を自由に使えれば、自分の考えをより正しく、より深く相手に伝えられるようになる。自動運動化をしていない人だと外国語をしゃべる方にエネルギーを取られ、思考の部分まで頭が回らないが、自動運動化している人は思考する方にエネルギーを注げる。自動運動化すれば、次の高度なレベルに行けるだけでない。それを使って、別の作業を捗《はかど》らせられるのだ。

歩行のような基礎的な動きの自動運動化が人類の発展に多大に寄与してきたのは明らかだ。人間は、こうした自動運動化には全エネルギーを注ごうとするように出来ているのかもしれない。例えば以前に流行った百マス計算でも事は同じらしく、脳科学者の川島隆太教授が難しい問題を解いている時の方が脳が活性化すると仮定して脳の活性化を調べると逆で、簡単な計算をしている時の方が活性化することに驚かされたという。

これは多分、昔から人類は自動運動化を進めてきて、その際に脳のエネルギーを大きく使うことが行われてきたからだろう。そうした時には人は脳の全エネルギーを使おうとするように出来ている可能性がある。もちろん、この仮定が正しいかどうかは分からないが、何回も音読したり簡単な計算を繰り返ししたりすると脳が活性化することからすると、昔から身につけた人類の自動運動化への道筋に適っているからこそ、リピートをこなしているときにそうした脳の活性化が起きるのではないか。

ここまでで明らかになったのは、自動運動化が人類にとって重要な働きをしてきたのに、あまりに当たり前過ぎて現代では見えにくくなっていることだ。多分、最初の頃は何故に○○をしなくてはならないのかという恣意的な意味付けをわざわざしてから行為していたのであろう。しかし自動運動化が実際に出来上がれば意味付けが必要かどうかを検証しなくなっていつしか見えにくくなる。しかも現代のように衣食住が足りて豊かになると、このようなリピートによる歩行をはじめとした自動運動化で人や人の社会が支えられるのが見えない分、怠惰になり、勝手に解釈するようになる。人の社会はリピートから成り立つのに、こんなのは意味がないとか面倒だとして省略しようとする者が出るので、不都合が生じたり健康を損なったりする。

確かに遺伝子レベルの欠陥と違い、社会的に表立って問題が起きることはないが、人類は自動運動化を恣意的に意味付けして色々な限界に挑戦して成し遂げることで発展してきた。これこそ良い意味での「恣意性」の使い方をしたから発展出来たのであって、これを忘れてはならない。なのに、豊かになり、その必要性を感じられなくなると、やがて努力を重んじなくなってしまった。

いずれにしても、自動運動化の発達は、常にわがままを押さえて訓練を繰り返したから上手く行った。しかし高度な段階になると、訓練をし続ければ何とか維持出来てもやめれば元のレベルに戻る。大袈裟に言えば、繰り返しを全部やめれば人の社会が危機に瀕する恐れさえある。

学習や研究はその代表例になる。例えば語学の天才と言われた教授がいたが、ある時、学生が「先生は単語と何回ぐらい出会ったら覚えられますか」と尋ねた。大半の学生は三回かな、五回かな、いや、もっと少ないかなと思っていると、先生は言った。「私の場合、覚えが悪いので三十回ぐらいの出会いが必要だ」。そう言われて、学生皆はギャフンとなった。頭の良い先生がそれだと我々は百回以上かと。

問題は自動運動化が基本的な繰り返しを必要とすることだ。意味付けが必要だと意識しなければ繰り返しが退屈になって、逆にしなくてもよいと意味付けしてしまう。皮肉にもどちらも同じ「恣意性」から出るモノだが、研究とか探究のように複雑で高度な領域になると、二足歩行のような準本能的にプログラム化しているものと違って「やり続けよう」と挑戦する強い意志に依存する部分が多くなる。

つい悪い方の「恣意性」が出て「もうやめた」となり易いからで、頭の善し悪しよりも意志、つまりはやる気次第になる。強い意志で支えないと悪い方の「恣意性」にすぐに陥り、「こんなのはやらなくてもいい」と意味付けしてしまう。研究者も同じであって、何よりも必要なのはこの耐える能力だとも言われる。

実際、高度なモノになると、繰り返しをずっと我慢してやり続けないとうまくは行かない。それには続けようという強い意志が必要になるが、これが如実に現れるのが高度な運動である相撲とか野球とかサッカーといったプロのスポーツ選手である。彼等は物凄い量の基礎練習を続けることで、やっと高度な領域を維持する。横綱を張るのには大変な稽古量が必要なのもそれで、まだ相撲を取れると思えても引退する。何故、引退するのか。常に繰り返し基礎練習をし続ける気力と体力がなくなったからだと彼らは言うのだ。

このように重要なのはリピートであるというと、「なあんだ、繰り返しだけだったら簡単だ」と思うかもしれない。だが、それを毎日毎日、長期間に亘って繰り返し、繰り返し、体に覚えさせ続けないと元に戻ってしまうというのは大変な作業だ。繰り返しを続けて体が自然に動く所まで行くことに自分自身で納得しないとやり遂げることは出来ないからだ。「繰り返しが必要」だとの良い方の恣意的な意味付けを出来ない人は、いつか続けてやれなくなるので、当然ながら高度なレベルには到達出来ない。

プロ選手のリピートの意味付けの難しさ
――逃げの意味付けの作り易さ

問題は、この単純な「繰り返しのリピートが必要だ」との意味付けをしっかり理解出来る人が少ないことだ。特に運動の領域ではそうで、プロ選手でも良い選手になれるかどうかの境目は、単純な基礎運動の繰り返しの意味付けに納得をするかどうかにかかると言われる。こんな単純な運動をしても仕方ないと意味付けすればやらなくなる。苦しい単純な繰り返しの自動運動化に耐えられるかどうかは、「意味あることだ」と自分を納得させられるかどうかにかかる。これがプロとしてのレベルを決めているのであろう。

例えば元巨人の中畑清選手の講演で、「松井秀喜選手の凄さは、入団した時に分かった。ティーバッティングの繰り返しの基礎練習に音を上げなかったからだ」と言っていたのにもそれは表れている。大谷翔平選手の場合もそうで、試合前に球場の壁に向かって一心に投げては拾い、投げては拾うのを見るが、これも体幹に関わる高度な筋肉運動になるので、常にやり続けないと落ちてしまうのを知っているからやり続けているのだ。

もしもこのようなしっかりした意味付けが出来ていなければ、これぐらいでいいとなってやめてしまう。よく言われることだが、プロの選手でも頭が良くないと成功しないと。つまり、何も意味付けを考えない選手は伸びないからだが、ここでいう「頭が良い」とは、しっかりした目的を持ち、その練習が必要かどうかの意味付けを恣意的に作ることが出来て、それをしようとする強い意志を持つことを指す。だから、こんな単純な運動のリピートをしても意味がないと逃げの合理化をする者は伸びない。後天的に獲得する自動運動化に必要なのは「恣意性」から出た意味付けであって、それがリピートに繋がり、自動運動化を成功させる。この大切な手段である繰り返しの練習は、どうしても単調で辛い作業になり易い。となれば、我慢強ければ上手く行くのかというと、当然ながらリピートし続けるには我慢強さは重要なファクターになるものの、他にも問題がある。というのも、ここで言うリピートとは、単なる単純作業とは別物だからだ。単純なリピートでの我慢強さのイメージと言って何を思い浮かべるだろうか。例えばチャップリンが映画の中で皮肉ったオートメーション工場でのネジ締め付け作業の映像を思い出すとするならば、それは違うと言える。

ここでいうリピートは、強制された単純労働とは質が違う。単純に見えても、ここでのリピートは自分に課す訓練なのだ。自動運動化を進めて無意識に動けるようにするには、精神的な逃げを含めて色々な困難が待ち受けていて、それを乗り越えなくてはならない。

例えば野球選手のバッティング練習。初めは腕と腰との連携した使い方や力の入れ具合に注意を向けるものの、慣れると次は足の位置になったり、重心をどこに置くのかで微妙な変化を察知したりして、力の込め方や足の幅や打つ時の体の移動といった別の課題が見えてくる。体幹の問題にも繋がって、やってもやっても難しいことが分かる。

とにかく、リピートを続けることで何とかスムーズに動くレベルまで成し遂げようと頑張って成功すると、次の高いレベルが見えてくる。そうなると、今度はそこを目指して何回も練習を繰り返し、何とかもう一段上へと行こうとする。

こうしてリピートを継続して自動運動化の階段を上がることになる。この時、大切なのが、その意義を理解することだ。そうではないただの「頑張れ」のみのスパルタ的な根性論では押し付けになって、練習の意義は消え失せてしまい、真面目にリピートしようとしなくなる。というか、最も大切なのは自分でリピートの意義をそれなりに納得して、その時その時のレベルに応じた練習の意義を組み立て直すことになる。練習の意味付けを理解出来なければ、リピート練習に耐えられないからで、言ってみれば、何で今の自分にこのリピートが大切なのかの理解無しには我慢して続けられないのだ。

このように自動運動化の域にまで到達するかどうかは、リピートの意義が理解出来て、場面場面での意味付けを積極的に己で組み立て直せるかどうかに掛かる。練習の意義を理解し、その時その時に応じた自分なりの組み立て直しが出来ないと上手くいかないという困難が待ち構える。このことを予測して、ここを耐えて突破する気構えを持たなくては自動運動化には至らない。

もっと気を付けなければならないのは、上のレベルへと行けば行く程、既述のガウス関数的な進歩になり、少しぐらい練習量を多くしても上へと行けないことが起きる。高度なレベルになればなるほどに練習を重ねても重ねても上に行けなくて、現状維持の平坦なままの期間が長くなって厭になり、繰り返しを続けられなくなるのだ。

成功を難しくするもう一つの理由が「逃げ」の意味付けを簡単に作れることだ。こんな単純練習をし続けても意味がないと己で合理化する「逃げの意味付け」が容易に作れるのだ。即ち、持続的に練習するか、しないかにおいては、恣意的にどのようにでも意味付けを作れる「恣意性」の本性が顔を出す。要は「リピートが肝要」という訓練をし続けるプラスの意味付けを作るのが難しい上に、「やめた」というマイナスの意味付けを容易に作れるという「恣意性」の表と裏の姿がここでは出やすい。

要するに、プラスの意味付けでは、自由に関する項で触れたように、「タバコを吸うな」という高校生への禁止を「意味がない」と否定することに意味があるように思えても、卒業してタバコを吸っても怒られなくなると状況が一変する。というのも、異性からタバコを吸うことで「何か良いことがあるのか」と問われれば、それなりの理由である意味付けがしたくとも簡単には作れないからだ。

リピートも同じで、「どうしてこんな単純な練習をいつまでもしなくてはならないのか」という「意味のない練習」を批判しようとする否定的意味付けは簡単に出来る上に、「続けるか、やめるか」の意味付けは自由であって、どういう意味付けでも作れてしまう。リピートを受け入れて自分を納得させるのは簡単ではないのだ。ここにこそ毒にも薬にもなる「パルマコン」のようなプラス面とマイナス面のどちらにでも意味付けが出来る「恣意性」の面目躍如たる姿が現出する。

こうした逃げの意味付けを作り易いのは、練習を続けるというリピートのような場合に限らない。日常生活でも「するか、しないか」の迷いがあるのは「恣意性」を獲得した人類が行為する上での原点に意味付けがあるからだ。確かに意味付けは恣意的にどのようにでもすることが可能だが、重大で避けられない難局に直面すればこうは言えない。おまけに逃げられなくて、どうしたらいいのかと過去の事例を顧みて、己の知識を総動員してヒントを得ようにも、何もなければ次の行為への意味付けを作れない。どうして良いのかと思い惑い、焦りからわけが分からなくなると、「エエイ、面倒だ」となって「逃げの合理化」の内の身勝手で利己的な意味付けに走りがちになる。そうした時、「逃げたい奴は逃げれば良い」とも言えるが、そうすることには危険が付いて回る。

どういうことかというと、「逃げの合理化」の内の軽いものならまだ問題はない。しかし大きな挫折になると解決がうまく行かずに、どうやっても将来への意味付けを作れない。不安を抱いたままに決断が差し迫るとイライラが募って考えられなくなり、「エエィ、どうにでもなれ」から「生きていても仕方ない」とか、「生きる価値がない」とかの短絡的で危険な考えへと行くだけでない。「逃げの合理化」の内の究極のモノである「自分は生きている価値がない」との考えに囚われたり、それでも自殺が出来ないのでこの状況に追い込んだ他者や社会が悪いという意味付けを作り、他者を殺して死刑を望むような事件を起こしたりする。恣意性を持つが故の「業」を人が背負う所以である。

意味付けと時間軸

人類は他の動物と違い、環境繋縛性から抜け出て自由を獲得した。その代償として、次の行動への意味付けを考えなくては生きていけなくなったものの、プラスの積極的な意味付けを作るのは大変な作業なのだ。それで、つい、逃げの合理化の内の究極の自己否定にマイナスの意味付けが使われ、自殺や殺人にまで行く自由を手にした。これは恣意性を獲得したことによる負の遺産であって、背負わざるを得ない人の特殊性を示す。

このように、自由を得てはいても次の行為への意味付けがうまく行かないと、どうしていいのか分からない不安を人類は抱える。他の動物は自然生態系の環世界における暮らしの中で本能に従うので、己の作る選択肢が少なく不安にはなりにくいが、人は違う。過去を振り返り、将来への企画を立て、「次」をどうしようかと己で考えざるを得ないだけでない。幾つかの選択肢を作りはしても、その内のどれを選ぶかの迷いも招来させて不安になり易いのだ。

例えば何かに失敗すれば、何で失敗したのかと当時に遡って、あの時はこうしてその次にああしたとその経緯を己の過去軸上に時系列に並べ、次にこれからどうしようかという修復プランを作成して、これからはああして、次にはこうするという将来への時系列を作り出す。こうしたことは新しい企画作りでの己の将来軸を作ることにもなる。

このように、将来を考えるには過去を振り返るか、何かしらの知識を基に考えざるを得ない。過去を振り返って己の過去軸上に並べ、次にどうしようかと将来への計画作成という将来軸を作って色々に考える。そうすることで幾つかの選択肢を作り、その内の一つを選んで行動しようとする。このことは、人の現在には過去の記憶と幾つか作った将来への選択肢が含まれていて、大きな膨らみがあるのを示す。

しかし大きな困難に直面すると、過去を振り返っても、そこまでの経験がなかったり、考える基礎になる知識が役に立たなかったりすれば、将来への企画を立てるに立てられない。これでは過去軸も将来軸も機能しなくて現在に膨らみがなくなり、生きることさえ難しくなる。このように過去がどのようだったのかを反省する材料やそれへの知識があるからこそ、将来をどうするかの意味付け作業が出来る。国でも同じであって、国難に当たれば歴史を振り返って考えたりするものだ。

このように人は「恣意性」を持てたものの、意味付け作業が必須になった。生きるためには次を考えて幾つかの選択肢を作って現在に膨らみを持たせるものの、日常での軽いものなら次への意味付けを間違えても大した問題は生じない。しかし生き方のような将来に亘る重いものではそうは行かない。たとえ意味付けを作れても、その内の一つを選ぶ決断に自信が持てなくて迷いが生じる。一人では不安なので己のプランに誰かの支持や承認が欲しくなる。こうした状況が生まれることで、互いに承認し合ったり、助け合いしたりの濃密な関係作りの発生が促されたのかもしれない。

アリストテレスが「社会的動物」と言うのもそれであり、人は社会集団の中の一員でしか生きて行けない。例えば意味付けを一人で作っても、誰かに理解して貰い、他者から承認が得られれば安心が齎《もたら》されるので、そうしようと試みる。無論、少数の他者よりも集団や社会が己の意味付けを認めてくれればそれに越したことはないが、支持する人が誰もいないと不安に駆られ、生きることさえ難しくなる。

このように、人が社会的動物なのを逆手に取って意地悪く使えば、人を不安にさせるのは簡単なのだ。仲間集団から孤立させて一人だけにすれば不安にさせられる。苛《いじ》めで中学生が自殺するのがそれであって、皆からのシカトで苦しめられ、一人だけの不安に苛《さいな》まれて自殺する。特に中学生ぐらいでは、皆に相手にされないままに一人で行動の意味付けを作ろうにも、自己確立が未成熟なために一人では作れなくて不安の塊になり、やがて自殺するケースも出てくる。

ここでの注目点も「意味付け」で、「恣意性」から出たものなのでどのようにでも作れるとは言っても、自分の意味付けが皆に通用するかどうかは自信が持てなくて不安に苛まれる。この時に誰かから君の意見は正しいとか、認めるとかを言って貰えれば安心するものの、その支持を得られないから傷ついてしまう。もちろん、相手を苛めている中学生がそこを知っていて苛めるとは思えないが、この部分を攻めたら弱いというのを本能的に察知しているのだろう。卑怯なやり方だが、このような汚いやり方は中学生だけでない。大人社会でも起きる。会社で起きる苛めもまた、こうして孤立させるやり方であって、今日では自己確立が出来ていない大人は大勢いる。会社で干されると中高年でも精神的なダメージを喰らい、自殺する。逆にたった一人でいい、熱烈な支持者さえ居れば、人は生きていけるのも確かだ。

五　社会機構の基礎になる意味付け

アイデンティティと意味付け

こうして不安や迷いを持つのが人であって、この不安と迷いを少なくするのを助けるのがアイデンティティになる。では、アイデンティティとは何かということになるが、論理的に定義するとなるとハッキリしていない。気分的で感覚的な要素が入り込むのは、個人がどのようにアイデンティティを確立するか、その道筋が一定ではないからであろう。言ってみれば、己だけで確立出来るものではなくて、周りや社会からの承認が必要となって、その人が何処に居場所を見付けるかに拠る部分が大きいので、統一した定義がしにくく曖昧な答になる。

難しくはあるものの、荒っぽく定義しようとすれば、こうは言えないだろうか。後述する「第三者の目」を人が持ったことから、既述のように、己が社会や集団の中でどの位置にいるのかを定めるコト（定位）が出来て、やりがいとか生き甲斐を持てるようになり、そのことがアイデンティティに繋がるとすれば、当然、この確保の仕方は人によって様々になる。たとえ根暗《ねくら》の人であっても一人の無二の親友とか恋人がいれば、居場所（定位）が作れてアイデンティティの確保が出来、何ほどもなく暮らせる。これは己とその人との位置関係が定まっている上に、相手から支援を得ることが出来て、生き甲斐を感じられるからなのだ。

こうなると、逆も言えることになる。どういうことかというと、たとえ社交的で沢山の人に囲まれてはいても、それが単なるバブル人気であったなら、己の定位は不安定であって、いつ消えるかもしれない不安から孤独と虚無を抱えることもあり得る。いくら沢山の付き合いがあって大勢の人に囲まれて支持されているように見えても、熱烈で心の底から信用出来る支持者がいないので、実は孤独で根暗だという場合もあり得る。フワフワした不安定さの中にいるので定位をしにくいからだ。

そこで、何とかこの不安定や不安を消そうとして沢山の友人達を作り、「これだけ多くの人に囲まれている」との自己満足を得て、何とかごまかそうとする。だがこれもバブル人気なので、フワフワしていて己の位置は定まらない。定位が出来なければさらに不安定になる。いくら多数の人に取り囲まれていても、己の定位である居場所がバブルのままでは定まらないのだ。実体に欠けているからで、己がいる居場所を摑もうにも、摑むことが出来ない。つまり、アイデンティティとは己が確立するものであると同時に、周りや集団からの承認によって得られるものでもあるので、いくら己の居場所がここであるとしても、それを他の人々からしっかりした実体を伴う形で承認して貰わない限り、機能しないのだ。

ここにも人の特性が現れている。自由にどんな風にも意味付けを作れはしても、その意味付けを信頼して了解してくれる人がいないと、己の位置が定まらずにアイデンティティの確保が難しくなるのだ。というのも、居場所の意味付けは恣意的に出来たとしても、バブルのようなものでは承認とは言えない。そうやって築かれたアイデンティティはあっという間に消えてしまうからで、例えば政治家の間ではそれが起き易い。現役時代には周りに沢山の人がいたが、引退したら途端に周りから人々が消えてしまうという現象である。

言ってみれば、政治家として得られた承認は「利用」の観点からだけの承認だったので、それは結局バブルに過ぎなかったのだ。また最初に触れた欅《けやき》の諍《いさか》いのように、周りがその人を認めなければ、いくら強く主張しても認められない。こうしたことから、見掛けが派手で取り巻きが多い社交的な政治家やタレントが実のところ、孤独で根暗だということも十分にあり得るわけだ。それとは逆に、一人の親友もいないのに平気で過ごせる人というのも存在し得る。

どうしてなのか。

己の作った意味付けを支持する人々が「不特定の他者」であってもアイデンティティの確保は出来るからで、言ってみれば、己の居場所が何処にあって、それを支持するのがどのような人々からの承認であっても、アイデンティティは成立し得るのだ。一例を挙げれば、たとえ友人がいなくても本を好きな人は著述者との対話で共通理解を見出して、己を定位することが出来て支持を得られたように思える。それで言われている程、孤独でない。ここにも人の自由度が見られる。人の人たる所以は、まさにこの幅と奥行きにあると言ってよい。とは言え、一般的には家族や友人がいないとアイデンティティの確保が難しく、生きるのに苦しむケースが増えるのも確かだ。人が集団でしか生きて来なかった経緯があるからだろう。

要するに、生きて行くのに己の居場所の意味付けをするにしても、一人で作る作業は大変な上に、これを支持する人もいなければ、己の意味付けは不確実なままで己の位置が定まらない。これを避けようと小集団に入って認められようとするのなら、グループ内での共通の意味付けを承認して、そこに居場所を見付けて互いに支え合えれば何とかなることもある。若い人達が小集団での共通の意味付けを作って仲間になり、互いに支え合うのも、その中で定位出来るからだ。ＳＮＳの交換もそれに近い。

例えば若者が喜んで働く居酒屋があったとしよう。そこでは従業員各々に自分の夢を語らせ、他の者が「それは素晴らしい」と褒め合って認め合い、「お前はこの職場で必要だ。お前の夢や能力が店の役に立っている」と仲間から支持される。そうなれば己の位置が定まるだけでない。生き甲斐も得て生きて行く確信が湧く。

このようにして、ここではアイデンティティをお互いに仲間から確保出来たので働き場所としての人気が出たが、この己のした意味付けが検証に耐え得る確固たるモノではなくて、ただ仲間と無条件に褒め合うだけが主だったので、定位が作れるほどしっかりしたものがない。ちょっとした行き違いがあれば、承認がくずれて簡単に壊れてしまう。結局、長くは続かなかった。

このように己の居場所の意味付けを認め合うのは集団の大小を問わない。たった一人でも、どんな小集団でもいい。己の定位を認めてくれれば己の位置が定まる。このように、どんな意味付けでも集団や相手からの承認を得られれば機能するが、それは「恣意性」から出た意味付けでもある。絶対的な支持はあり得ないので、ちょっとした齟齬《そご》が生じれば壊れるのが人の弱点なのだ。

世人（Das Man）について

居場所の意味付けを他者から承認してもらうことは重要になるが、ここからは人の行動がどのようなものかについて考える。ごく平均的な日常生活において、人はどのような形で行動の意味付けを確保して暮らしているのだろうか。大体は毎日が似たような暮らし方であって、いちいち意識して意味付けしての行為は少ないだろう。事実、皆がしているのと同じことをすれば大過ないというのが人には染み付き、大半は「皆がする通りにするのが無難」という考えが行き渡っている。無自覚にしても、こうしていれば批判もされないので、世の中の己の位置が定まっているかのように思えるからだ。

但し、「皆がする通りにする」というのが、いわゆる「慣習」とか「常識」を指すとしても、長い年月が経てば社会システムが変化して、その意義や必要性が曖昧になってくる。いくら皆から承認されて強固に意味付けされたモノであっても、意味付けの目的が忘れられたままに惰性体で続いたり、社会が変化すると、いつの間にか意味が薄れてしまったりして、慣習とか常識が指示するように暮らそうにも、やがて己の行動に不安を抱えるようになる。それでもなお皆がする通りの暮らし方をしているのは、それがまさに慣習的な生活だからなのと、己だけで意味付けするのが難しいので、慣習とか常識が指示する通りにしていれば、何とかなって楽だからだ。

こういう生活をする人を哲学者ハイデッガーは「世人（Das Man）」と名付けた。日常ではあまり考えずに、常識が指示するように暮らしていて、己の位置をその中に定める生活形態から行動することになる。見方を変えれば個性がないとも言えて、先の自動運動の所での歩行のように、簡単で基本的な行動の自動運動化の社会版とも言えよう。日常の殆どで皆がする通りの指示をしてくれる慣習的かつ常識的な行動が生活の大部分になるのは、そうしていれば、己の位置が揺れることが少ないからだ。

しかし「世人」にしても、いつもいつも惰性的に行動しているのではない。時には一人でしたいことをしたくなるが、一人だけの意味付けでは不安になり易い。そこで友人に承認や確認の作業をして貰って不安を解消したり、一緒に遊んでイメージを共有して気を紛らわしたりするが、いずれにしても一人での意味付けでの行動は定位が出来ずに不安になる。また、この行為をしたとしても、いつもいつも意味付けするのは大変な作業になるので疲れてしまう。結局、皆がする通りの慣習や常識に従っていればいいとなって、再び「世人」に戻る。

「世人」とは、惰性的な意味を込めての人の行動の自動運動化における社会版と言っても良い。それは怠惰で新たに考えることをしなくても不安を覚えずに行動するための人の知恵なのだ。派閥を作って群れるのも同じだ。突き詰めた理論や哲学がない「世人」の典型であって、仲間意識だけがある。世論を気にして政治家がポピュリズムに陥るのも、なるべく己に有利な流れを作ろうと人々に阿《おもね》るからだ。

メールのやり取りもそれに近い。自分が作ったメールを他人から確認して貰う作業は、対面によるナマのやり取りではないものの、繋がりを求めて行う仲間からの確認で、出来るだけ不安を少なくしようとするものだ。しかし人はわがままである。いくら仲間内での意味付けの確認作業が必要であり、それが得られれば安心するし楽であっても、時とするとこの作業がウザくなる。人の人たる所以の都合がいい繋がり、都合がいい付き合いをしたくなる。

言ってみれば、「世人」的に皆と一緒にやっていると、同じようなことが続いて惰性的になって飽きがきて、皆に合わせるのがウザくなる。そこで一人で生きようとするが、「次になにをするのか」の新たな意味付けを己でしなくてはならない。というか、もしやりたいようにするとなると、次の行為をどうするかの意味付けの要請が口を開けて待っている。それなのでたとえ一人だけの意味付けが出来たとしても、これを作り続けるのに疲れてしまい、また「世人」に戻るという往復運動をするのが人の在り方ということになろう。

己の意味付けと社会

このように、日常の行為では皆、無意識のうちに、意味付けされた慣習に大部分は従っている。明らかに目に見えないものの、自然生態系から部分的にせよ人類が自由を獲得して、自分達で作った意味付けで行動していることを示す標識が、社会的な慣習・常識である。これが人や人の社会の底を流れていて、これを避けては通れない。それなのに、豊かな現代になると慣習を意識しなくなったばかりでなく、昔よりわがままになって己の位置が定まりにくくて不安なのに託《かこつ》けて、個人の意味付けと他者や社会的意味付け（＝慣習）

との調整がなされなくなってしまった。しかし本来、この作業は社会の中で己の位置を定めて、己が作った意味付けが社会的に意味を成すことを確認するためには必須である。そのことを人々は知ってはいるものの、古くなって意味を成さなくなった既成の古い常識との調整はかなり面倒な作業になるので、こういった無視も起こるし、身勝手な行為も起こり得る。

社会制度やモラルでもそれは同じであって、初めに挙げた欅の諍いでも、個人の意味付けと社会との調整が難しかった。発展した社会が豊かになり複雑化して、目に見える助け合いが少なくなったのも加担して、社会の底を流れる常識や慣習との調整で己の位置が定まるのを無視するようになる。これは独りでも生きられると錯覚するからで、身勝手な意味付けを作って問題を起こすような厄介なことが起きるようになったのだ。とは言え、もし各々の身勝手な意味付けを容認すれば社会が機能しなくなることを人々は承知している。だから、基本的には「世人」として生きて皆に合わせている。要するに、時にわがままもしたくなって息抜きに個人的な意味付けを作って行動出来る世の中になったものの、「世人」的な生き方も並行して行っているということだ。「世人」であることを放り投げてはいないが、身勝手な行為も発生するようになったのだ。

昔の貧しかった頃の共同体社会では、皆と協力しないと生きていけなかったが、少なくとも個人の位置が定まる定位はなされていた。とは言え、個人の自由はなくて制限されていたし、身勝手な意味付けをしようにも出来なかった。一方で、社会が組織化されて発展して豊かさが生まれると、共に他者に直接に頼ることが減少したので他者への配慮が少なくなり、己で作った身勝手な意味付けの実現が可能になった。「世人」的な生き方と個人の意味付けに則った生き方との往復運動が許容されるようになったものの、今度は独りでも生きて行けると思えるようになったことから、身勝手で超利己的な論理まで作られだして、人殺しまで起きるような危険が増したというわけだ。

様々な分野から構成された、豊かだが細分化され組織化された複雑な社会になって、直接的なコトから間接的なコトが多くなった。昔は互いに助け合ったりの身近な世話が多かったので、無意識にせよ、他者との関係で己の位置は定まった。しかしそれが公的な役割へと移行してしまって間接的になり、身近さが感じられなくなって目に見えなくなった。こうして他者との関係性が具体的でなくなったことから、他者を必要としたり他者から必要とされたりすることが減って、己の居場所を見付けるのが難しくなったことで、勝手な解釈が生まれる余地が出来てしまったのだ。

最初に述べた欅の事件でも、個人の人権という抽象概念は認められるべきことであり、個々人に限れば文句を言ってはいけないとは言えない。しかし社会の秩序との関係で言えば、社会の中に己の位置を定めていれば身勝手な文句は言えないはずだ。この己の位置を定めること（定位）をしようにも、人権という抽象概念も無視出来ないから、具体的に何処に線を引いていいのかが分かりにくい。常識の弱化もあって、特に今は線引きが難しくなった。それでなのか、結局のところ、「皆の迷惑にならないように」という抽象的な言い方しか出来なくなり、統一した常識を作りにくい世の中になっている。これらの社会の変化が、こうした諍いを生んでいるのであろう。

このように、社会を統一出来る具体的な手応えを持つ常識の強制力が弱まり、何処に意義があるのかが分からない常識の弱化が生じた。社会的な意味付けの常識が強い間は、人々はこれに従って己の位置を定めて暮らすものの、機能しなくなれば、何処に己を定位して良いのか分からなくなって迷う。またシステム化社会では会社や集団内での定位は決まり易いものの、家での暮らしでは常識の弱化から意味付けが曖昧になって、身勝手な行為がより起き易くなっていると言える。

さらに問題なのは、何処の集団にも属さない人のことだ。何処かの小集団にでも入っていれば、己の意見や意味付けもチェックされて、そこで己の定位がなされ、アイデンティティも確保される。しかし小集団や会社にも属さないとか、パートや派遣社員だと、その人物は一人だけになり易い。不安なだけにどうしていいのか分からない感情に苛まれながらも、個人的な快不快の原理が優先されて、刹那的な事件を起こす場合も出てくる。

己の定位が曖昧な状態では己の意味付けが社会に通用しないのを知りつつも、それを無視して利己的な行動に走ったり、動物的な快不快の原理だけから意味付けの行動を起こす人間が現れる。また小集団を作ったとしても、その中だけでしか通用しない自己中的集団になってしまう場合もある。このように、個人にしても小集団にしても、エゴ的な意見が肥大化して身勝手になり、精神のメタボリック化が起きて社会のような大きな集団を無視して、超利己的な論理が現代ではのさばるようになった。この理由としては以前のような共同体社会での統一した社会規範の意味付けが通用しなくなったのもあるが、社会規範における「正義」の意味が複雑化して誰も振り向かなくなり、社会秩序が混乱しかけている部分もあるのだろう。

何故、人は社会正義としての秩序に無関心になったのだろうか。

幾つかの理由が考えられる。一つは既に述べたように、物が溢れるようになって他人の助けを借りる必要性が目に見えて少なくなり、独りで生きられると錯覚したりして、利己主義や「自己中」が横行出来る隙間が生まれた。二つ目は正義の意味付けを調整する権力システムへの不信である。元々、人間は自由を欲しがって規制を嫌い、規制する権力機構への不信感を根底に持ちがちだが、法律を含めた何らかの正義の意味付けがなくては社会は混乱する。なのに、個人主義化が進み統一した理念や思想の下に皆が納得すること自体が難しくなって、現代では社会正義の意味付けが上手く作れなくなった。

日本の歴史にも要因がある。第二次世界大戦中における軍事独裁政権の専横的な秩序暴力に懲りた記憶が後を引いているのもあろう。いくら戦時体制とは言え、今のロシアや中国、北朝鮮並に自由がなく、相互監視と密告が横行し、憲兵による逮捕は日常茶飯事だった。大本営発表しか知り得なかった一般国民は、敗戦後は自由を制限する国家主義を酷く嫌い、国家の秩序を怖がるようになった。

では、どのようにしたら政府を再び信頼できるようになるのか。政府当局がクリーンで透明性のある政治体制の確保を目指すことが要諦であっても、豊かさから個人主義の時代になり、それぞれの考えで行為することが可能になって、そもそも正義の理念の作成が難しくなっている。元々、正義とは自由を縛ることにも通じるので、この二つはトレードオフになりやすくて両立は難しいが、ここまで超利己的で自己中的な行動が蔓延《まんえん》して混乱を齎《もたら》すとなると問題が大きい。国の単位でも同様で、利己的ロシアや覇権主義の中国とは国家間での友好的関係を作りにくい。

我々は今、どのような権力機構がいいのかを皆で考える必要に迫られている。無論、日本の現行憲法にも権力を抑える条文があって、国民の権利を守るのが憲法の一つの柱である。たとえ強力な政府であっても国民の権利を侵せないように憲法には多くの権利が並べられている。もちろん、政府当局がそれをわざと捻じ曲げた解釈をして機能させないことも時に起きる。これがあることから、権力機構について、どのような権限を与える代わりに、どう縛り、どう行き過ぎをチェックするかを考えて条文を作り直し、それに対して人々のコンセンサスを取るべきである。個人の権利と国家の秩序とはトレードオフが生じやすいぶん難しい問題だが、秩序の尊重がないといつまでも国家としての纏まりに欠けるし、他国からの脅威に対処の方法が決まらなくては、国家は危険そのものの状態に陥ってしまう。

集団の成立のための正義の意味付け

人は独りでは弱い。それで纏まって集団を形成するしかなかったものの、その集団にしても、恣意的に作ったシステムに従って運営される。大きな集団になれば概念的な規則が必要になるものの、集団に必要な秩序を齎すのを正義と仮定すれば、元々の正義は何であったかということになろう。

ここからは、集団を規制して秩序付ける正義とは一体、何を指すのかについて述べてみたい。但し、現在の正義は既述のように、複雑化した社会に当て嵌《は》めようとしても一筋縄ではいかない。犯罪のような明らかに法律に触れるものではないモラル領域では、特に正義の概念は複雑化している。もちろん元々はそうではなかっただろう。集団の統一を齎すという具体的な目的があって、原始時代においては観念というよりも現実の秩序を齎すための協定だったのだろう。これから始まったとすれば、まず思い浮かぶのが、人々の「協力」と「抑制」を齎す規制こそが正義の原義になるであろうということだ。

確かに原初であっても、他の動物と比べれば人類は環境繋縛性から自由を得て、多様な環境下で生きられるようになった。そうは言っても大半の環境は極めて厳しいものであったろう。個々人の「恣意性」の制御は必要不可欠で、抑制という縛りなしでは生きて行けなかったとなれば、彼らは実際どのように処理していたのだろうか。

厳しい環境下で食料供給の安定を図る場合でも、「協力」や「抑制」が必要となるのは集団の内部だけでない。他の集団との交流も重要であって、この交流の円滑化に必要な初期条件が何かということになる。

例えば殺人。これを正当化するのが人食い部族だが、現代近くまでそうした小集団が実際にいたことを見ても、これを制御しなくては他集団との交流は始まらない。知能が発達したせいで攻撃制御システムに欠陥が生じて、人食いがそれなりに行われていた可能性は十分にあるのだ。

極論になるが、原初の正義においては「人を食べない」というカニバリズム禁止の意味付けが先ずは必要であっただろう。既述のように北京原人の人骨の横には焼いた人骨があって人食いは稀ではなかった。古世人類が現世人類に滅ぼされたのも、「人食い」にあったとの説もある。

文化人類学で言うところのタブーであるカニバリズム《人食い》の禁止が、まずは集団の成立や他集団との交流には必要であって、これが正義の観念の起源であろう。もし人食いをして隣の人を食べてしまったなら、集団は成り立たない。また協力しての狩りや果実の採集もままならなくなり、安定した食料の確保にも欠くことになる。それに隣の部族を食べる対象として見るのなら、敵対して争いになるしかない。穏やかな交流は望むべくもなく、現状維持が精々になって、やがては孤立するであろう。

タブーがないチンパンジーでは、集団の中で老いたモノや弱いモノを残虐に殺したり、また他のチンパンジーの群れや他の猿の集団を襲って食べたりすることが起きるという。これを見ても、このタブーなしでは大きな集団の形成や他の集団との交流を成立させるのは難しい。人類と同様に知能の発達を優先して攻撃制御までも犠牲にしたチンパンジーが今もって原始時代と同じ生活をしているのは、カニバリズムのタブーの確立がなかったのも一つの要因であろう。チンパンジーがチンパンジー殺しをしていたら、大きな集団の維持や集団同士の交流は出来っこない。

人類はタブーを作る（恣意的に意味付けした）ことでこの事態を切り抜けたものの、全部が全部、そうしたのではなかった。それは現代まで人食い部族が未開な人達には見られたからで、「恣意性」が齎す恣意的な意味付けとしてのタブーという正義の約束事を決められたことで、初めて人類が発展を示せた可能性は高い。

逆にこのタブーがない集団は家族を大きくしたぐらいか、大きくてもちょっとした程度の規模の部族だったのを見ても分かる。それはそうだろう。他者や相手の部族を食う対象としか見なかったなら、食うか食われるかで、とても協調した大きな集団形成や集団交流が出来るわけがない。出来てもせいぜい孤立した小さな部族ぐらいであろう。

集団の交流が図られるに際しては、もう一つの重要な別のタブーとして、インセストタブー（近親結婚の禁止）が挙げられる。これも意味付けとして重要なのは、集団の成立や集団交流への道筋に繋がるからだ。もしこのタブーがなければ、家族内での結婚で十分になって、集団さえも必要としなくなる。

これこそが人食いよりも始末に悪い。そこで近親結婚は遺伝的に問題があるとか、血が濃いと問題がある子が生まれるとか言われて避けられた。医学的に根拠はあるものの、何も疑問符が付かないわけでもない。というのも、何代も何代も近親結婚を続ければ危険になるが、たまになされる近親結婚が血縁のない他人との結婚と比較して、そこまで問題があるとは言えないとも考えられているからだ。

いずれにせよ、インセストタブーがなかったなら、家族だけとか、小さな部族だけで十分になる。実際、それでもいいという人達もいて、現代まで家族だけで生きてきた未開な人達が、世界ではそんなに稀でなく見られた。これを見ても、インセストタブーは遺伝的な忌避が根にあるとは言え、人類が協力して安定的な食料確保や集団交流をしようという恣意的な意味付けに基づく、正義の規制と考えた方が良さそうだ。

要するに、知能が発達した結果、本能的なモノや自然的なモノとは異質な形で生きようとした人類は、人食いのタブーやインセストタブーを恣意的に正義の意味付けとしてお互いに認め合い、大きな集団形成や集団交流への道を拓いて様々な安定が図られたのではないのか。

即ち、恣意的にタブーの意味付けをして、互いに認め合うことで面倒なことを避けたのではないかということだ。例えば異部族の人を殺した場合、もし部族間での交流があれば双方に知り合いとか親戚がいる。近い関係の人達が出てきて話し合い、全面的な部族間の殺し合いまで行かないように、調整や和睦で切り抜けたのも正義の意義になろう。

もちろん、後の時代になって穀物の栽培や動物の家畜化の成功から数百、数千人規模の大きな集団が形成されるようになると、このような原始的なタブーだけではどうしようもなくなってくる。小集団の頃ではタブーが良く機能していても、数が多くなれば機能させることが難しくなったのではないか。殺しがあっても、集団が大きいと双方の知り合いとか親戚とかの仲介者が簡単には見つからないし、大き過ぎて集団を纏めるのが難しく、調整作業が困難になったはずだ。しかし放置すれば殺し合いの連鎖を招くので、恣意的に作った正義の協定とか制度を互いに認め合う必要が生じたのであろう。

詳しい事は文化人類学に譲るが、ここで言いたいのはタブーが「恣意性」から齎された正義という具体性のある規制だということだ。色々な困難な場面をくぐり抜けるために、自ら考えて恣意的に禁止の意味付けを作って互いに承認し合ったから人の社会は発展したのではないかと。

これから導かれるのは、集団を纏めるためにタブーがあって、これが社会的正義の概念の発生源になったのではないのかという推論だ。つまり、もとを糺せば集団を成立させる阻害要因を禁止することが起源だからこそ、タブーにもなったのではないのかと。タブーの成立には集団に属する皆の賛同が必須であるが、個人主義の今ではこの皆の賛同を得るというのがとても難しい。

G・E・ムーアの言うように、積極的道徳（正義等）は現代では作り得ず、否定から来る「してはいけない」という形でしか統一した観念は作りにくい。だが、それは古代であってもそうで、したいようにする「恣意性」を制御してタブーを作り、個々の勝手で恣意的な行為を正義の規制でもって抑えるのに成功して、集団の互いの交流を可能にしたのが「禁止」という基本合意だっただろう。

原初のタブーでは、個々の恣意的な行為を我慢させる公的な意味付けを強要して、集団を維持することが可能になった。それを原点としたのが具体的な正義の規制であって、これでより安心、安定した暮らしを招来させた集団が栄えて、お互いに盛んに交流するようになったのであろう。

しかし豊かになった現代では他者に強要することが難しいのに乗じて、皮肉なことにプーチンのように現状変更を一方的にしようとして問題を起こす輩も出てくる。恣意的に行動すれば世界秩序を混乱させて、原始的な意味での具体的な正義に反するのは分かっているのに、侵略を敢行する。現代であっても、世界を混乱させるのは正義に反するとハッキリ言える。だから、正義の概念は抽象的ではなく具体的なのだ。「人を殺してはいけない」あるいは「国家間で争ってはいけない」とすることが世界で承認出来ればいいのだが、とても難しくなった。

家族の原点と人類の二足歩行は未熟児を育てるために家族が出来、二足歩行を必要とした

人の社会の成立において重要な眼目は、個々人の「恣意性」をどのように制御出来るのかにあった。「してはいけない」という禁止が主となる正義の規制を遵守する。この協定を前提とした制御だが、これを皆が認め合って公的なモノにしなくては機能しない。言ってみれば「恣意性」という個々に意味付けする猛獣を、公的な意味付けという猛獣使いによって飼い馴らすことに成功した集団が安定したのだと。

このように「恣意性」から由来する個々のしたいようにする意味付けは、暴力性をも秘めている。よって、「してはいけない」という禁止の制御を意味付けとして作成することが肝要になったが、この意味付けを齎すのもまた「恣意性」である。要するに、使いようでは毒にも薬にもなる「パルマコン」みたいなものが「恣意性」なのだ。

実は、人の社会成立の基本単位になる家族の成立の背景にも、恣意的な意味付けがあると言われる。何故かというと、子を育てるのはどの「動物」も大変だが、産まれた子が長

い間、未熟児である点で、人類はかなり特殊な位置を占める。他の「動物」では殆ど見られないような、未熟児での長い期間の子育てがあることから、男女の協力が必須になり、またその持続が必要になったのではないのかというわけだ。

このように、長い期間に亘って夫婦間での協力が必要なことから、本能よりも優先して、個々の夫婦間の恣意的な意味付けとしての相互承認を進めたことが、家族の原点ではないのかと。現代でも、子供が養育放棄や虐待で死亡する例が見られて問題視されているが、男女間での長期に亘る協力の必要性を恣意的に意味付けして家族を強固にしたからこそ、そういう悲劇も起きるのではないか。本能的に成立する他の動物の家族とは異質なので、ちょっとしたことで夫婦の崩壊の危険が付いて回るのだ。

こうして、家族の原点でもある未熟児を養育することが夫婦の繋がりの強さに関わることは理解したとしても、二足歩行と夫婦関係とが強く関連すると言うと、さすがに「本当か」とも思われよう。しかし面白い話がある。これが「夫婦の繋がりと二足歩行とが関係するなんて聞いたことがない」と突飛に思われる方にとっても、それなりに説得力のある説なのだ。

一般的には、アフリカで地殻変動によって森林が少なくなって、人が平原で活動する機会が多くなり、二足歩行への移行が促進されたと言われる。その要因としては、「立つと視野が広くなる」ことがある。立つことで遠くまで見渡せて猛獣から襲われる危険を素早く察知出来るというわけだ。他には「立てば手が使えて狩りには便利」とか、「道具作りのため」とか言われるが、そこらあたりだと、チンパンジーも時々、道具を使ったり、見張りを立てたりするのが見受けられるが、二足歩行を常時するまでは行かない。

最近では、人類は森から草原に出たので、疎《まば》らに散らばった森への移動には灼熱の太陽をなるべく避ける必要があり、そのために立つようになったとの説もある。立つと太陽が当たる面積が三分の一ぐらいになるからだ。それならチンパンジーや他の類人猿でもそうすればいいともなって、何で人だけがそれをしたのかが分からない。とすれば、原因というより、立って歩くことで結果的に人間は人間らしくなったとも考えられないか。

そこで出て来たのが、夫婦の協力と二足歩行がリンクする説である。未熟児の子育てには多大なエネルギーと時間を必要として、人とDNAが近いチンパンジーでもここまでの未熟児は産まない。ところが人の場合、生まれてすぐの子は何も動けない。母親は付きっきりで動くに動けないので、父親が二人分の食料を運んで来ざるを得ず、これに必須なのが二足歩行だと。というのは、口でくわえられるのはたかが知れているが、手を自由にすれば量を多く持ち運びが出来るから二足歩行したと。

問題は二足歩行と未熟児で産むこととの連関になる。推測に過ぎないが、知能の発達へとDNAの書き込みをしたことで、人類は前よりも少し脳が大きくなって、赤ちゃんをいつもよりも少し早めに産まざるを得なかった。こうして少し早めに未熟児を産んだことで、世話をする母親が動けず、代わって自由な父親が食料の確保に行かざるを得なかったのではないかと。

これからすると、二足歩行と脳の発達による未熟児のお産とは強く連携するが、それにしてもどちらか一つが早く発達したのではないだろう。知能の発達へと繋がるDNAの書き込みによって種が繁栄して、脳が次第に大きくなって未熟児が産まれ、その養育のために二足歩行を長くせざるを得なかったと。また二足歩行を継続すればもっと脳が発達して、益々、未熟な赤ん坊を産むという早期出産への関係が生じた。そうすると、未熟児を育てるには家族の絆を強くせざるを得ず、二足歩行も進展したのだと。

即ち、脳の発達により段々と未熟児の期間が長くなり、子育てのための動物のつがいのような短期ではなく、長期にならざるを得なくなって二足歩行が発達したのではないかと。要は、二足歩行は脳の発達を促すと同時に家族のために食料を沢山、持って帰る必要からそうしたと考えられる。女性にしても、赤ちゃんの未熟児の期間が長くなって食料調達に行かざるを得ず、代わる代わる交替で食料を捕りに行って二足歩行が進んだのではないのかと。ただ、歩くとか走るとかの能力が一般的には男性の方が女性より高いことから見ても、最初は男の方が二足歩行への移行を早くしたとも考えられる。

このように、二足歩行が脳の発達を促しただけではなく、人の社会の原点でもある家族の成立とも深く繋がっている可能性を指摘する面白い説だ。逆にいうと、いくら知能が発達しているチンパンジーでも、そこまでの強い絆の家族関係は見られない。猿や類人猿では赤ん坊は生まれれば母親にしがみつくことがすぐに出来て、人間の赤ん坊のように一年もの長い間、しがみつくのも歩くのもままならない不自由児とは違う。だから人類における家族単位の成立と二足歩行はリンクする可能性が高い。こうして、きっかけはＤＮＡから来る偶然にしても、そのうち恣意的に作られた意味付けによって、家族としての習俗が生まれたのだろう。

家族の原点においても、単にこのように「恣意性」が働いただけでない。時代が下がるにつれて恣意的に作られた複雑な文化になると、子供が大人になるまでの期間が長くなって、いつの間にか家族の期間も長くなったのであろう。ハッキリしているのは、二足歩行するにつれて未熟児を産むようになったのがＤＮＡが介在する偶然からであっても、夫婦の協力が生じて家族や二つのタブーが成立したのは、本能と言うよりも恣意的で後天的な知恵（意味付け）による習俗の確立であったということだ。だからこそ、現代の家族崩壊現象もまた偶然ではない。もし家族が動物の本能的な絆で結ばれているのなら、家族崩壊は起き得ない。動物社会では、雌雄が発情期に各々を選んでつがいになり、子供を産んでしまえば別れてまた次の時は別の配偶者を選ぶのが一般的であって、一生ずっと一緒というのは稀なのだ。

ある生物学者は生物学的に見れば、人類の結婚期間はせいぜい四年が限度だと言う。ひょっとすると何百万年かは家族はそうしたレベルであったのかもしれない。ところが、脳の発達と共に恣意的な意味付けから夫婦を縛り付けるようになったと。もちろん、結び付きには精神性もあって複雑だ。ただ縛り付けるというのではなく互いの了解を基にした部分もあるからだ。とは言え、家族は本能的なモノというより恣意的なモノであって、一種の恣意的に意味付けられた習俗と考えた方が良いだろう。というのも、昔の日本では大家族制が一般的で一種の習俗として定着した時期があった。これからすると、家族にしても世代間に跨《またが》った意味付けとしての習俗の確立であったと考えてもよいのではないのか。だからこそ、現代になって個人主義化が加速するにつれて習俗が崩れ、夫婦間での恣意的な約束が両者の関係性の主になった。二人の間の了解だけが根拠なので壊れ易く、離婚が多くなったのではないのか。個人間での約束事なのでそうなるのは当然であろう。

二部　恣意性の起源——何処から来るのか

六　言葉とは何か

言葉の「恣意性」

人に「恣意性」があることで、次はこうしようとか、ああしようと意味付けしては自由に行動が出来るようになった。とは言え、人々からの批判の目に晒《さら》される公的な意味付けになると個人的な意味付けとは違ってくる。多くの人々の評価との調整を経ないと社会的、公的な意味付けにはならない。そこまで行かない少人数の集団であっても、メンバーからの承認は必要になる。この最小単位の夫婦であっても、互いに恣意的な行為を控えなければ共通した了解は得られなくなる。

このように共通の了解を成立させるためのツールが「言葉」であることには異論はないだろう。言葉でもって互いに理解し合って承認し、控えるとか抑えるとかいった対処を周知させたと。言ってみれば、言葉なしには人の社会の発展はあり得なかったのだ。

それはそうであっても、複雑な言語の成立時期は一体いつ頃だったのか。かなり古いのではないかというとそうでもなさそうで、動物的な人類集団が言葉の使用によって発展して、人の社会にまで変わったのは現世人類になってからのようだ。言葉の複雑化や書き言葉が発明されたのと、人の社会の発展とは軌を一にすると言っていいであろう。

このように、複雑な言語の成立は古くはないものの、言葉自体が恣意的に作られた要素から成り立ちはしても、どのように言葉が「恣意性」と関係して成立したのかはよく分かっていない。

例えば言葉が恣意的な要素を多く持つ例として、人類の言語は初めは一つしかなかったが、現在、世界には沢山の言語が存在するという。「たった一つからこんなにも多くの言語になったのか」と思われるかもしれないが、「方言が出来るには百年ぐらいで、違う言語でも千年あれば可能だ」とも言われる。これが正しいかどうかというよりも、ちょっとしたことで枝分かれするのは確かなのだ。

それを示すのが、江戸時代の最後に勝海舟と西郷隆盛との間で重要な話し合いが持たれた際に現れた事例だ。というのも、江戸生まれの勝は鹿児島の西郷の言葉を全く理解出来なくて通訳を脇に置いて臨んだという。このように江戸時代では地方の言葉はそれぞれに発達して、遠くの他の地域とはコミュニケーションを取ることが不可能だった。これを逆手に取って藩の防御に利用としていたとも言われる。例えば言葉の訓練をした隠密が偵察に藩に入って来た場合、いくら事前に方言を習ってきている隠密でも、怪しいと疑われたら最後、言葉使いの微妙なニュアンスの違いを試されてたちまち見抜かれたという。

もう一つの言葉の恣意的な側面としては、モノへの名付けがある。例えば机。机と言う必要性は何処にもない。皆が机と言うから机と言う。他の言語になるとデスクとかビュロウ（bureau）とかティシュ（Tisch）と違う言い方になる。無論、これは発生時の恣意的な部分を切り取ったから恣意的に作られたと言える。だが、作った当初はそうであっても、人々に是認されて公的に使用されれば「恣意性」は姿を隠して簡単には変えられない。安定性を保ち、社会制度の維持にも貢献して、人類集団の大規模化に多大な影響を及ぼしたであろう。

シグナルからシンボルへ

恣意的な意味付けを言葉にしたとしても、これが抽象的な意味を持つ言葉にまで行くのに、どのようにして発展したのかは分からない。

確かに原始時代においては単純だったであろう。しかしいつ頃なのかは分からないが、次第に人は複雑な言葉の使い方が出来るようになったのだ。

例えば狩りの場合。大きな獲物を仕留めるのに単純に真っ正面から大勢で向かえばやられてしまう。追い出す者、横から攻撃する者、真っ正面からの逃げ道を塞ぐ者と色々の役割を必要とするが、これだけだとやはり勝てない。狼でも連携はするからだ。恐らくは狼も色々に吠えて各々の役割を担って連携し合い、獲物を襲うからだろう。確かに言葉が発達する以前では人も狼と同じやり方であったかもしれないが、現在の発達した人類の言葉は狼とは全く違う。同じように声を上げて狩りをしていても、人類と狼では決定的に言葉の質に違いがある。

シグナルとシンボルの違いだ。

これが何かというと、S・K・ランガーの『シンボルの哲学』に拠れば、シグナルはハッキリした指向性を持ち、サインとも言う。シグナルで発して対応する物や行動は原則として一つでしかなく、一対一対応なのだ。例えばワォーと吠えた時が獲物がいるというシグナルだとすると、それにしか対応出来ない。丁度、交差点の信号機のシグナルでは色の意味が固定されていて、それしか使えないと同じなのだ。しかし人類の言葉はシンボルになる。一対一対応と言った指向性がある固定化がなくなり、自由に色々な組み合わせが可能になった。

逆に見ればシンボルは言葉に対応する一つの決まった行動や実体に限定されなくてもよくなり、対応する実際のモノや行為だけに縛られなくなった。このように、決まったモノや行為へと限定された言葉から、直接に実体に限定されない言葉へと移行したが、ではこれは一体どのようにして始まったのだろうか。

推測に過ぎないが、初めは感情表現における「嬉しいや悲しい」を表そうとしても、人に拠って表現が違う。また精神的なコトを表そうにも抽象的なので中々難しい。いずれにしても、ハッキリと摑みようがないモノを言葉に表そうとしたことがあったかもしれない。

それよりももっと以前に、人工物を造ったことが始まりかもしれない。というのも、自然界にあるものとは違う新しく造られた物なので、それには新しい言葉が必要となる。しかも造られた物と似た派生物が幾つも出てくると、中には元のものとは形状が「似て非なる物」までが作られれば、その扱いはますます難しくなったであろう。

例えば机。

足が四本であったものが、三本のものが作られる。また上板も四角だったものが、長方形や円形まで出てくる。そうなると、どれにも新しい名付けを必要としても、多くなれば混用が起きる。多くの種類の机が出来たなら、どれがどれを指すのかの区別が複雑化して混同が起きる。そこで利用の観点から、食事の時とか、作業に使うとかで纏めた方が便利になる。例えば作業をする時に使う物を机と言い、食事の時には食卓と区別をするような知恵が生まれたのかもしれない。

別の観点から見ると、多くの派生物があっても、似た共通のものを軸にしようとすれば、それぞれに類似したモノを取り出す一種の抽象化をしたのだとも言える。この抽象という言葉には「捨てる」という別の意味もあるからで、個々の特徴を捨てて共通した要素を指し示すことでシンボル化への道筋に踏み出したのかもしれない。いずれにしても、人類はシグナルからシンボルへと飛躍して、混乱を切り抜けるのに成功し、発達した文化を持つようになったのだ。

既述のように、発声の側面から見れば、器質的には二足歩行から脳が発達して大きくなり、咽頭が押さえられて細くなった結果、複雑な音を出せるようになった部分も大きいと言われる。この複雑化して様々な音を出せるようになったというのも、シグナルからシンボルへの移行が出来た要因の一つであって、こうした器質的な違いが古世人類と現世人類の違いだとも言われる。逆にそうならない限り、シンボル化への移行は望めなかったであろう。要するに、脳の発達から咽頭が器質的に変化して複雑な音を出せるようになった結果、多くの造った物への記号付け作業が捗ったのではないのかということだ。無論、器質的な発達だけではシンボル化へは移行しない。以前に挙げた九官鳥のように、彼らは複雑な音を出せても、シンボルの言葉を操れないからだ。シグナルからシンボルへの移行は、器質的な面のみからでは無理なのだ。

では、シグナルからシンボルへはどのようにして移行したのだろうか。これを今先ほど見た多くの新しい創造物に名前を付けることでその総量が多くなったという観点から改めて考えてみよう。ポイントになるのは、量が多くなると本当にシグナルからシンボルへの移行が起きるのかどうかという点だ。

例えば人の顔を何人くらい覚えられるだろうか。五人だと、顔と名前だけでなく相手の考え方も何とか覚えられる。しかし百人になったら顔と名前を一致させるだけでも難しくなり、千人となったらもはやお手上げだ。もしどうしても纏めようとしたら、調査チームを作って書類に纏めるといった社会体制や法整備の助けが必要とされて、行為の質が変わる。

それと同じで、言葉も創造物の派生態が多くなったことで、質を変えざるを得なかったのではないのか。量が多くなったのが質の変質を齎《もたら》したのだと。というのも、この例で明らかなように、創造物の数が多くなると、全てを覚えられなくて混用して使うしかない。これだとシグナルとしての用をなさなくなる。先に述べたように、机なら机という類似したモノ全体を指す抽象化へと変わらざるを得なかったのかもしれない。

もう一つ、シグナルの誤用から来る問題がある。例えば「敵が来た」をそうでない時に使ったらどうなるかは明らかで、群れは大混乱に陥る。シグナルの場合は事実的な一対一対応での使用なので、それ以外には使えないが、シンボルでは全く違ってくる。

これを明示してくれるのが、狼少年の「狼が来た」という物語である。普通はこれはウソを付くなという道徳的な話として捉えられるが、実はそこに留まらない。というのも、子供でさえ、ウソを付けるのはそれがシンボルだから出来ることであって、ある種の自由さを表すからだ。言葉が架空にも使える一例として、これがシグナルとシンボルの違いの話と受け取れば興味深い寓話になる。

いずれにせよ、言葉の誤用が混乱を招き、やがてそれがシンボル化へと移行したのであろう。これを物語るかのような注目に値する幼児現象がある。それは言葉を覚えたての彼等が遊ぶようにデタラメに言葉を操る時期が見られることだ。ひょっとすると、この行為は人類がそうした試行錯誤の移行期を過ごしたのを追体験していると言えないだろうか。

この根拠が正しいとすると、母親がデタラメに言葉を操る幼児を強く批判して黙らせると、連想したり繋げたりする言語能力の発達が遅れるとも言われるのも、同じ根拠から来るのだろう。つまり、デタラメに言葉を操る幼児の時期が意外と重要なのは、言語体系作成への橋渡しがデタラメに色々な言葉を試行錯誤して使う所を経ていると考えられるからだ。

ともかくも、大量の言葉を作って使われるうちに、シグナルだけでは間違った使い方や偽の使い方をする人が出てくる。それは当然であって、シグナルの言葉には指向性があるので、指すモノ以外に使用すると混乱するからだ。これが言語のシンボル化への移行を促したのであろう。

無論、事実がどうだったのかの認定は難しいが、間違った使い方が多くなったせいでシグナルとしての用をなさなくなり、間違いを無くすにはどうしたら良いのかを考えざるを得なかったというのは、十分ありそうな推論だ。

混乱の要因の一つが言葉の混用だとすれば、指向性を持たせつつ整理しようにも不可能になる。例えば「山」という言葉を自然の山だけでなく、何かが堆積しているものにも使ったとする。他の人も同様に山でない色々なモノにも使おうとすると、自然にあるモノだけでないことから事実との指向性を失う。当然、これは山と似たモノというアナロジー〈類比〉的に連想してのイメージの使い方だからだ。こうしたイメージ化が出来たことで、シグナルの混乱という難題を突破できたのかもしれない。

人にとってイメージ化が現代でも重要なモノを含むのは、このシンボル化という問題が元にあるからだろう。後述するが、こうしたイメージ化が出来たことから、具体的にあるモノを指すよりもアナロジー的で連想的な使い方が進んで抽象的なシンボル化を促進させた部分もあるはずだ。「花が綺麗」で使うように「綺麗」という言葉を「心が綺麗」で使えば、連想からのイメージの活用にはなるものの、実体からは離れる。このようにシンボル化とは実際にあるモノから離れることであって、言ってみれば、フワフワと浮いたモノになるということだが、ただイメージ化しただけでは言葉は使えない。いくら連想からイメージにして纏め上げても、物や事実との指向性が失われて、一対一の対応ではなくなっているので、人によってその言葉を使う意味合いが違ってしまう。

では、どのように処理したのだろうか。

具体的に思い浮かべられないモノを言うのには、何らかの形で類比的にイメージ化してシンボル化した結果、抽象的な言葉が生まれたとしても、具体的なモノがないので言葉と言葉の違いの区別がなされない限り、何も始まらなくなる。先ず必要なのが、この区別をどのように使ったら良いかになる。それと言葉、言葉の違いの区別がたとえ付いたとしても、例えば、（はし）のように同音異義語になると、別の混乱が生まれる。文章の中に置かれて初めて違いが分かるからで、「川の増水で（はし）が流された」と、「その洋服の切れ（はし）を取ってくれ」の文を作れば違いが分かるが、（はし）の前後に来る文が無くては違いが分からない。

もう一つ例を挙げると、（かき）という言葉を理解するには、現実に物があれば容易に分かる。しかし現物がない言葉だけの（かき）では、幾つかの同音の語彙《ごい》の中の一つなので、目の前に柿がなければ（かき）の一語を発声されても（かき）が果物の柿なのか、陶器の花器なのかが分からないからで、それを知らぬ人に意味を伝えるのが難しい。また（かき）が果物の柿だと分かっても、一語だけでは「柿がそこにあるぞ」と言うのか「柿を食べたい」と言うのか、「柿をプレゼントする」と言いたいのか、「これは柿のように見えるが別の種の果物だ」と反論するのかが分からない。文があるから言いたいことの意味が分かり、意味の限定が出来る。

このようにシンボルによる言葉の真骨頂は、同音の幾つかの言葉を連想して、どれになるかを思い浮かべて、これではないかと区別出来て初めて絞れる部分にある。シンボルによる言葉は、文の中に置いて限定することで一つの意味を伝えられることになる。こうして多くの単語の中から連想して一つを選んだり、文の中に置かれたりすることで意味を限定させてきたのであろう。

同じ意味を持つ言葉があることや、同音の言葉があることから、人は様々に多くの言葉を連想し思い浮かべてから、その中から選んで文の中に置くことで適切な意味をようやく限定することが出来る。こうした言葉の連想と文への連結が言語の基本にあることを示す一例が、精神病理学における失語症患者の部類分けに現れるという。

どういうことかというと、失語症患者は、幾つかの言葉を与えれば文を作れるが言葉の連想が出来ない患者の一グループと、幾つかの言葉を与えると連想は出来るが文が作れない患者の一グループの二つに分かれたという。連想と連結の二つを用いて、幾つかの言葉の中からその違い（差異）を限定させるのがシンボル言語の本質だからだろう。このことから、どちらか一つが欠けても言葉を正確に理解し得ない場合が生じるのだということが分かる。

　このように、シグナルでは一つの言葉に単独で意味付けが出来て、敵が来たとか獲物がいるとかの一対一で独立していたのに、シンボルでは一つ一つの言葉が独立出来ない。言葉の連想や文を作って他の言葉との差異を見分けて選ぶことで理解するしか他に方法はなかったものの、その代わりに扱える言葉の自由さが大幅に増えて発展したのだろう。

　ここにシンボルの難しさと複雑さがある。シグナルからシンボル化すると一つ一つの言葉の独立が剝奪される。そこでは言語体系の中でしか他の言葉との差異を区別できなくなり、沢山ある言葉の中の一つの項として限定されて初めて意味を持つからだ。

　このように指向性を失って浮いたバブルみたいにフワフワしたシンボル化したものを制御するために、連想とか連結とかから纏め上げる方法が編み出され、人々の承認を得て公的な意味付けのシステムに発展したのであろう。

　いずれにせよ、一対一の指向性を失った言葉を見分けるには、言葉と言葉の「違い」に注目するしかない。というより、違いをハッキリさせて統御するしか他に方法がなかったのだ。指向性の垣根を取り払ってシンボル化したものの、言葉の誤用の混乱を防ぐには、言葉の「差異」にしか頼れない。幾つかの同音の言葉を連想して、その中で「差異」をハッキリさせるか、または文中に出てくる同類の言葉の中から限定して決めるので、言葉を見分けるのは「差異」だけであって、このことは「示差性」という言葉でも表現される。

　分かり易い例では将棋がある。王と歩を分けるのは「示差性」だけだ。王とか歩とかの沢山の駒があっても、駒の違いを認識すれば、ゲームは成り立つ。だから、もし王の木駒をなくしても、紙に王と書いて他の駒との違いを互いに認め合えば、ゲームは続行する。駒の資質の問題、つまり、木とか紙とかといった材質はここでは関係しない。ただ違いが分かればそれでよいのだ。

　しゃべるのでもそうであって、ソプラノとかバスといった個人的な音の資質の違いは関係しない。いくらモグモグ言っていても、言葉間での「差異」が示し得れば相手に通じる。個人的で物理的な音質とは関係なく、差異が重要であって、シンボル化した言葉とは、体系の中では他の言葉との関係性において「差異」が示されて初めて伝わる。言葉が分からないのは言語体系の中での関係した「差異」がハッキリと認知出来ないからだ。シンボル化と言語体系の成立とは表裏一体になるのだ。

　もう一つの重要な要素が言葉の権威付けである。言葉を神と関係付けることで、神から言葉を頂いたとすればそこに権威付けがなされる。聖書では「はじめにことばありき」と言い、日本の古事記での言霊の思想もそれであって、言葉を神と関係付けている。

何故、このようにクドクドと言葉の問題について述べたかというと、言語の「恣意性」を強調したいからだ。人の社会は言語に拠って複雑な社会を作ったと言ったが、その基になる言語がこのように「恣意性」と深く結び付き、切っても切れない縁があることで、人の社会は「恣意性」と必然的に繋がると言いたいのだ。

言ってみれば、シンボル化された言語体系の成立と複雑なレベルでの人の社会の成立とは同時進行であろう。人は自然から一部の自由を獲得したものの、それは意味付けされた言語体系の成立と軌を一にしていて、言語の獲得という事象は人の「恣意性」と深く結び付いている。ならば、人の社会そのものの根底にも、こうした「恣意性」が流れていると言えるのではないだろうか。

ボノボ的な資質——平和的なセックスによる社交

このように言語が恣意的な要素を多く含みはしても、体系化して社会制度の意味付けが出来るまで発達したことで人類は生き延びられた。こうした言葉の恣意的な体系化は社会制度まで行かなくても、夫婦関係でも起きる。既述のように、未熟児を産むことで夫婦の協力が出来るようになったにせよ、夫婦関係を長続きさせるには言語が必要だった。もし発達していなくて夫婦二人の複雑なコミュニケーションがうまく取れなかったなら、共通の意味付けと了解を交わすことが出来ない。いくら未熟児を産むことで長い夫婦関係が成立するようになったとしても、本能的な雌雄関係が少し延びただけに終わった可能性が高いであろう。

現代でも夫婦間のコミュニケーションが少なくなると、離婚への秒読みが始まると言われる。愛し合う男女を支えるのは動物的なセックスだけではない。生き方とか思想とか趣味とか嗜好が共通にあって、そうした話が出来るのを通じて繋がりを強くする。お互いに共通の意味付けを確認し合い続けるから長く付き合える。それは言葉があるお陰と言えるのだ。

こういうと、昔の日本男子は妻に愛しているとかのおべっかを使わずとも夫婦関係は成り立ったと言われるが、この慣習を支えたのは言葉である。「男は黙っているのが男らしい」という意味付けされた慣習が底を流れていたから成立した。先に触れたように慣習化は皆とのコンセンサスから来る意味付けであって、このコンセンサスを作ったのは共通理解が出来る言葉だった。

このように恣意的に作られた言葉による恣意的な意味付けが人の社会の特徴だとしても、セックスにまで適用されると言えば、「何と、セックスは本能の代表だ」との反論が来よう。

だが、ちょっと立ち止まって人類のセックスを考えて頂きたい。というのも、人類のセックスは他の動物とは違って異質なのだ。一つには発情期がなくていつでもセックスが出来るのと、もう一つはお互いのコミュニケーションがうまく行かないとセックスが続かないことが挙げられる。

一つ目の発情期がなく、いつでもセックス出来るのが異質なのは、他の動物には発情期があり、その時以外はセックスはしないし、出来ない。子供を作るという目的以外はセックスをしないのが一般的だ。人類に近いチンパンジーでも雌には三十二日と言われる発情のサイクルがあり、しかも子供が出来るとその授乳期間の五年間は発情しないのでセックスは出来ないという。

このように人類がいつでもセックスが出来るのは異質であるが、それがどうしてなのかは分からない。例外的にボノボ（チンパンジーに近い類人猿）は人類と同様にいつでもセックスが可能で他の動物とは変わっている。その上にセックスによる社交を確立して、平和的で弛い集団を形成するが、このセックスによる社交は動物界では異質な出来事だと言える。

但し、ボノボには人類と違って発情期があって、その時期以外はいくらセックスしても子供は出来ない。人も同様に女性の生理が定期的なのに加え、それと関連する卵子はその時しか精子とは出会わないのも似るが、DNA遺伝子からすれば人類の祖先はボノボよりもチンパンジーに近い。人類はボノボのような面を持つが、基本的には攻撃的なチンパンジーに近い。

この人類のボノボ的資質は本能なのか、それとも後天的な知恵から出た習俗的なモノかどうかは分かっていない。人類に発情期はなくなったが、女性の生理は定期的にほぼ一カ月に一回来る。そこに発情期と何らかの関連した名残があるのかもしれない。

どちらにしてもボノボ的な資質がどうして人類にあるのかは分からないが、こうした平和的なセックスの自由化が攻撃制御の欠陥の補完になったのかもしれない。また別の見方ではハーレムを作るゴリラに見られるように、ボスが交替すると前のボスから生まれた赤ちゃんは新しいボスに食われてしまう。これは雌を発情させるために食べるとも言われるが、人類でも同じようなことが頻繁に起きて次第に常に発情出来るようになったのかもしれない。それとも攻撃制御システムの欠陥からしばしば殺人が行われて人口が少なくなる。これを防ごうと、いつでも発情していつでも産める体制にした種の人類が繁栄したのかもしれない。

こうしたことに遺伝子レベルが関与するとしても、それは意図的というよりも偶然の産物であろう。つまり、発情期の決まった時以外でもセックスが出来て子作りの自由化を可能にした種の人類が生き延びられたのは偶然だということだ。逆に言えば、このセックスの自由化を組み込まなかった種の人類は攻撃し合い、殺し合って絶滅したのかもしれない。

セックスの自由化がどうして起きたのか。セックスすることで「協力」の意味付けも可能になり、男女の仲を実質的に取り持ち、平和的な家族作りを促して家族の絆を強めたのかもしれない。それでなのか、男女の仲がうまく行かなくなって困ると本能的にセックスに行きがちというのも、一つの要因かもしれない。しかし不仲になったらセックスに戻れば、いつでも何とかなるかというとそうでもなさそうだ。というのも、動物的なレベルから離れて恣意的に精神活動をすることが多くなり、協力への意味付けを互いに承認しない限り、両者は簡単には仲直り出来ない。これとは逆に互いの賛同さえあれば子作り以外の快楽のためだけでもセックス出来る。これを見ると、セックスは恣意的に意味付けされた部分からも成り立つ複雑なものだと言えそうだ。

いくら快楽のためだけのセックスが主流になっていても、意味付けによる精神性が介在するのを無視は出来ない。その作用はかなり強力であって、仲がうまく行かなくなったら本能的なセックスに戻ったとしても、それはそれで上手く行かない。手段と目的をはき違えるからだ。精神的な交流のないセックスは本能的に満たされてもそれだけなので、じきに飽きて味気無いものになる。ここには精神性での意味付けという人類特有の状況があって、なかなかに抜き差しならない存在感を持つとは言えないだろうか。

善し悪しは別にして、セックスを含めて既に人は「恣意性」から来る意味付けによって、多くのものと関係性を作って繋がり、これを切り離して生活することなど出来ない。

意味付けの持つ大きなパワー

このように本能的なセックスでさえも意味付けされる場合があって、その存在感を認めざるを得ないが、日常では意識されずに意味付けの存在感はあまり感じられない。というのも、意味付けは観念的であって、現実とは遊離する空想的な側面を持つので簡単に扱われ易いからだ。

このように意味付けは無視されがちだが、これが持つ重大さを分かり易く示したのが小説家のカミュになろう。

彼は小説『異邦人』の中で、太陽が眩しかったから殺したと主人公に嘯《うそぶ》かせた。意味のない殺人理由なので、殺人動機として成り立たなく思われ、不条理小説の代表格と見られた。しかし彼はこうした表現を通して人が意味付けするその重大さを示そうとしたのだ。というのも、恣意性から齎《もたら》される意味付けはどのようにでも作れて行為にまで至るので、時とすると殺人といった重大事まで起こさせる凄いパワーを持っているということになる。

これを見抜いた彼はこのパワーの凄さを自らの小説で示した。ちょうど、出版した時はパリが不条理な考えのヒットラーに占領されていた一九四二年だった。それでヒットラーの不条理さを知るパリの人々にはカミュの言うコトが分かったが、『異邦人』が世界的に流布したのは一九五〇年前後ぐらいであろう。というのは、一九四五年に日本に原爆が落とされた影響があって、人（アメリカ政府）がここまで不条理な意味付けまでするのかと西欧の人々が思い知り、この小説の不条理な意味付けの問う意義の重大さを知ったからだ。

現在で言えばプーチンのウクライナ侵略も同じだ。不条理な意味付けをして、多くのウクライナ民間人を彼は虐殺している上に、アメリカを非難して、お前らも日本に原爆を落として多くの民間人を殺したじゃあないかと罵って、原爆を脅しに使う。もし人が恣意的に意味付けをし得なかったなら、こうしたことは起こそうにも起こせない。恣意的な「ウクライナはロシアの一部」という彼の身勝手で不条理な意味付けから侵略したにしても、どうみてもそこには筋が通った意味は見て取れない。なのに、一方では彼の意味付けが大きなパワーを持って軍隊を動員させて、多くのウクライナ人を殺している。要は人（プーチン）が不条理な意味付けでも作れてしまい、多くの人々を戦争行為に巻き込んで恐ろしい事態を招くという凄いパワーを意味付けが持ち得るという事実を、この事例は示しているのだ。

こうした意味付けの持つ潜在的な大きなパワーに気付く人はいても、観念だけに一般的には気付かれにくい。このことから、こうした残虐なことが実際に起きてしまっているが、もっと恐ろしいのは不条理の意味付けを自由に作れるということだ。しかし、この意味付けが歴史によって後から検証されるのもまた確かなのだ。歴史というと大袈裟だが、カミュの言う世界大戦の惨状があった上に原爆まで使用した事実があったので、しばらくしてカミュの言うことが世界のどの国でも理解され、彼が示す意義を了解したのだ。このようにたとえ不条理な意味付けであっても、時とするとそれが持つ凄い力や深さによって、皆からも意味付けの力が評価されもするのだ。

現在ではカミュが示したように、人が不条理な意味付けを平気ですることは理解されている。プーチンのウクライナへの侵略などは、マスメディアの発達から、身勝手で不条理な意味付けとしてすぐに批判される。

パルマコンのような毒にも薬にもなる恣意性を基にする意味付けだから起きることだが、その時代に意味付けしたモノが大した評価はされなくても、後世になって評価されることもある。また逆に当時は評価されても、後世では散々な評価もあり得る。意味付けはそれだけの大きな力を持つので問題も起こし易いのだ。

七　「恣意性」はどのようにして生まれたか

「第三者の目」の誕生

ここまで「恣意性」の実態を述べてきたが、肝心の問題が残っている。何かというと、知能の発達が一部にせよ、本能を凌駕したから「恣意性」が生まれたと言った。しかし知能の発達を言うのならチンパンジーも同じになるはずだ。なのに、彼等の「恣意性」は同種殺しを齎《もたら》しはするものの、良い方での「恣意性」の発揮はあってもたかが知れている。「パルマコン」みたいな両面で使える奥深さを持てていない。

では、人だけがどうしてこうした奥深い「恣意性」を持てて、種として発展することが出来たのだろうか。多分、これには「第三者の目」の役割が大きく関与するだろう。「第三者の目」という言葉もまた読者には聞き慣れないものだろうが、チンパンジーもここまでのモノは持っていないのではないか。

「第三者の目」とは何かを荒っぽく言えば、己への客観視が出来ることを言う。第三者から見たように己や己の社会的な位置を把握して理解することになるが、この「第三者の目」を持てるから既述の「定位」が出来て、己の社会の中での居場所を決められるようになる。この能力がどうして持てたのかが本章のテーマだ。

では、この妙な「第三者の目」は何処から来るものなのだろうか。先ほどこれを「客観視」と言ったが、これだとトウトロジー（同語反復）になりやすい。というのも、客観視がモノや起こったコトを「第三者の目」から見たように客観的に見ることを指すとすれば、同じコトを意味するからだ。その上にこれを機能させようとしても、人には限界があって完璧に客観的認識など出来るわけがない。となると、何処までを客観視と呼ぶかということになり、「まあね、人によって違うな」としか言いようがなくなって、意味を成さなくなる。

例えば○○という人物を見た場合。見る人に拠ってその人物像や評価が違い、バラバラとなるコトが起こり得る。となれば、「客観視」はあり得なくなるが、ごく限定した条件を付けるならば存在する。

最も簡単なコトでは「鏡に映った己の像の確認」になる。

鏡像認知と言われて、文字通り、鏡に映った己の姿を己だと客観的に確認することである。なあんだ、こんなのは動物でも出来ると思われるかもしれないが、人には出来ても鏡像認知が出来ない動物は沢山いる。犬も実は出来なくて、鏡に映る己の姿が見えても犬は己だと分からない。鏡に映った己の姿に向かって吠えるのが証拠で、己とは違うと思うのであろう。しかし象やイルカは鏡像認知が出来る。また小魚のホンソメワケベラは鏡に映る己の姿が己だと分かるという（幸田正典教授の実験）。

犬は賢い動物なのに、小魚でもやってのけるこんな簡単なことを何故に出来ないのかと思えても、出来ないものは出来ない。器質的な脳の部位に欠けるものがあるからなのか、それとも「己の姿がどういう風かを犬が知らないか」になるが、どうしてかは分からない。しかし人は鏡の姿が己だと分かる。

確かに妙だ。鏡に映る己の鏡像に犬は吠える。見えるから吠えるのに己と分からない。直に見る姿と鏡像に違いがあるからだろうか。事実、鏡に現実の犬はいない。映るだけだが、動けば同じように動く。左右が反対なので動くものが己だと分からないのか、それとも「同じように動く」という己の関連動作を理解出来ないからなのか、いずれにしても、犬は鏡像を他の犬だとして吠える。

鏡ではなくて現実の姿そのものを目の前にしたら、犬でも己の足、手、胴体について己のものだと分かるだろう。でも、それは身体の一部でしかない。全体との関係の確認ではない。身体全てが一挙に見えれば犬でも鏡像を己だと分かるかもしれないが、己の全体を見るのは人でも犬でも不可能である。横にも背後にも目はないので全体を見ることは出来ない。

しかし人は、たとえバラバラの部分であっても、身体のどの部分なのかを理解する。部分を見るだけで全体との関わりをイメージ出来て繋げられるからだが、犬は部分と全体の関係性を理解出来ないのだろうか。そうだとしたら、鏡像認知が出来る象やイルカ、カササギはどうして出来るのか。脳が発達した犬なのに、何で出来ないのだろう。

犬の脳が小魚のホンソメワケベラより劣るとは思えないのに、鏡像認知が出来ない。となればどうしてかは気になるところだ。推定でしかないが、犬は「見る」ことに囚われてしまうからかもしれない。というのも、犬は襲われるよりも基本的に襲う動物（肉食獣）である。たとえ器質的に持っていても獲物を捕らえる方へと注意が向かってしまい、獲物かそうでないかが最重要課題になって自他の区別よりも対象に先に目が行くからかもしれない。一方、象は草食動物である上に他を「襲う」ということもない。イルカやホンソメワケベラも同じで、こういった動物は他と自をシンプルに分けられるのかもしれない。

では、この自他の区別の鏡像認知が出来ることが客観視の一つの条件だとすると、人ではこれがどの段階で現れるだろうか。このことを示す一つのヒントが精神分析家ラカンの説にある。半年を経た赤ちゃんが鏡に映った姿を見て己と分かりキャッキャと喜ぶというのを、彼はその著『エクリ』で「鏡像段階」(stade du miroir) と名付けた。赤ちゃんは半年を過ぎて母体免疫が切れる時期に、鏡に映った姿を己だと分かるようになる。赤ちゃんによっては十八カ月も掛かる場合もあるが、神経系が完全に発達し切っていない赤ちゃんであっても鏡に映った姿を己だと分かることから、鏡像認知の段階では単純で本能的な器質的自己確認に過ぎないものの、「第三者の目」へと至る始まりとなる一種の精神の原点とラカンは捉えたのであろう。

では、それから赤ちゃんはどのような経過を辿るのだろうか。推測するに、継続が鍵を握るであろう。鏡像段階で自己確認が出来てからも、成長するにつれて、鏡の中に見えるのが己の姿だけでないことに気付くはずだ。父母や兄弟姉妹と言った身の回りの者が次第に見えてくるであろう。ということは、己と違う人がいることが分かってくる。もっと進めば、鏡の中だけでなく、現実に見て他者と己との違う所や同じような所を比較して、己がどういう者かが少しずつ分かるようになる。

とは言え、子供の内はそんなに進展はしない。これを活性化させる時期が思春期であって、友人と顔、姿、頭の良さや運動能力などを比較して、相対的な自己認識が深まって己の姿をハッキリさせていく。自己理解が深まるにつれて自立心が高まり、反抗期が始まって自と他の区別がより明瞭になり、自己主張をしだすようになる。

このように己と他との区別が分かり、己が何者かを理解するという自己認識が次第に深まりへと行くこの思考運動は、実はヘーゲルの弁証法に似ているのだ。

では、ヘーゲルの弁証法というのはどういうものであろうか。単純化すれば次のように言える。例えば赤の色をしっかりと認識することで考えてみたい。初めに赤を見たとしても、他の色を見ていなければ他の色との区別は出来るとしても、ちょっと違うなぐらいの曖昧さであって、ハッキリしていない。そこで赤とは違う黒を見詰めると、赤とは全く違うのに気付く。赤とは違う（赤の否定の）黒だからで、そこでこれは赤とは違うと再び赤に戻るものの、こうなると赤は黒とは区別がついた赤になったことになる。また緑の色も赤とは違っていて赤の否定になる緑であって、黒と同様なことが起きる。このように赤とは違う他の色を見て、赤は黒とも緑とも違うのが分かるようになる。こうして様々な色と比較して、やはり赤とは違うとなって、他の色との識別がしっかりと出来るようになる。

これを纏めると赤の否定である他の色を見ると、赤とは違う。このことから赤と違うとまた否定して再び赤に戻って赤の認識が深まる。

これは赤の否定の否定であって、元の赤に戻ることになる。何てことのないように見えても、他の色を見ていない時とは違い、赤の認識が相対的に区分出来ている。様々な他色も同じようになるので、他の色と比較が出来たことでしっかりした赤の認識になるのだ。これが否定の否定であって、ヘーゲルの弁証法でいう止揚（Aufheben）という用語になる。

同じようなことが鏡を見る場合にも起きる。というのは、先ずは鏡の中で己を己として確認する。これが最初の段階（鏡像認知）で、次は己とは違う他者を鏡の中に見る。これは己ではないと分かり、己と比較して己とは違うと再び否定して己に戻るという否定の否定を繰り返して、自己認識が深まることになるのだ。

色の場合と同じであって、他者と己を識別して己と違うことが分かることで己の認識が深まるのだ。これは赤ちゃんが鏡の中で己でない母親を見て、己ではないと先ずは分かり、己ではないからと己に戻ることに繋がるのだ。即ち、己ではない母親は「己の否定」としての他者なのを知り、次にそれは己ではないと再び否定して己に戻る。こうした他者を己ではない「己の否定」として、やはり己とは違うとまた否定して己に戻るという否定の否定で己と違う他者との識別がしっかりと出来て、より深い自己認識になる。こうした客観化を進めていくことから、ラカンの鏡像段階をメルロポンティは『眼と精神』の著書で「象徴的母胎」と言ったのだろう。

この自己と違う他者（己の否定）と比較して、やはり自己とは違うと再び否定して自己に戻るという否定の否定の思考運動をして己に戻るが、このようにして他者と比較することで他者とは違う明瞭な自己認識が出来る。これを多くの人と繰り返し、これを積み重ねて行くと、様々な他者との比較から己がどのような者かがより確実に捉えられて自己認識が深まる。これを繰り返すなかで、単なる鏡の自己確認のレベルから社会まで広げられて、社会の中の自己の位置（定位）という次元にまで行ける。

このように、多くの他者との比較から社会の中の自己まで拡げられることから、己の社会での位置が分かって自己認識が深まる。これはまるで第三者の目から己を見た時と同じであり、己のことや社会の中での己の位置が分かるようになることでもある。これこそ「第三者の目」と呼べるのではないだろうか。

「第三者の目」との対話

この「第三者の目」の働きは社会の中の己という自己の位置を確かめることであるものの、別の重要な機能がある。「第三者の目」とは己の中にあるもう一つの己とも言えるからだ。

どういうことかというと、己を第三者から見たように見て、「お前はこんな風に見える」というと、「違う。それとは別の見方がある」と反論して己の内部で論争が起きて、「第三者の目」との対話が始まる。自問自答することになるので、「第三者の目」とはもう一つの己になるのだ。こうした対話が出来ることは、他者と対話をするみたいなものであって、「こうした方がいい」とか「ああした方がいい」と様々に議論して、考えを推し進められるから、他者から自己を見るのに近い効果が得られる。

「第三者の目」がこの機能を持つので、何をするにでも、自己の中で色々に考えて選択肢を多く作れるようになった。対話をもっと進めれば、「己とは何者か」の問いにも至り、究極的には「己の存在とは何か。またどうして何のために己は存在するのか」まで問えるようになった。

この問いの機能を頻繁に活躍させる時期が思春期にかけてであるものの、こうした対話を継続すればしっかりした自己認識の深まりを齎しはするし、その営為に終わりはない。一方で、人に拠ってはこの作業を途中で止めて、己や周りや社会を安易にイメージ的に捉えて、全て分かったと傲慢になったりもする。

こうしたことが起きるのは、人が五十ぐらいになると、己の周りで起きることが大体は分かってきて、新しいことはあまりなくなることから、世の中はこんなものだと己なりに理解したことにして、そこで終わりにしてしまうからだ。無論、自己認識に限りはないので、これをし続ければ己のイメージ作成は際限なく続くことになる。空間的な観点からも、身の回りから世界や宇宙にまで広がって行けるので、追求に終わりはないからだ。

こうして単純な鏡像認知から発展して「第三者の目」が誕生し、ここの対話から本格的自己認識に至るまでになった。己が他者や社会とどのように関わり繋がるかの包括的なイメージを作れるのも「第三者の目」の働きがあるおかげである。これを獲得したことが次に何をするかの意味付けを作ることに繋がり、動物世界から人の社会への異次元の飛躍を齎すという発展の原点になったのだ。

人類が「第三者の目」を持ったことで、他の動物とは異なる特性を形成して次元の違う新たなビジョンや発明品を作ったり、また色々なイメージを作って独自に動けたりするようになったと考えられる。ただ、こうしたイメージ形成や意味付けが出来ることで異次元への飛躍を可能にしたとは言え、イメージや意味付けは頭の中で作られた観念である。行き過ぎて空想的だったり曖昧だったりして簡単に壊れたりする脆弱性があるものの、逆にカミュの項で触れたように凄い力をも持っていて、悪い方にも使えるので色々な問題を起こす。この中には同種殺しもあるが、これについては既に触れた。

こうして「第三者の目」との対話を通じて、物事を客観視しようと己自身から一歩引いたところで見られることから、周りや社会との関係のイメージが作られ（定位して）、これを活用出来たことで人の社会は発達出来た。しかし社会変化や環境の変化が激しいと、社会の捉え方においても人に拠って定位が違うので、それぞれに異なったイメージを拵えるから社会に混乱が生じる。日本は曲がりなりにも助け合いを旨に安定していたのに、システム化社会へと変化したことで人に拠っては「第三者の目」の活用による定位のイメージ作りが他者と違い、振る舞いが多様になって個人差が生じる。ここから利己的な諍いが起きたり事件になって問題を起こすのも、イメージの個人差が要因であろう。

重要なポイントは、「第三者の目」を人が持てたことである。個人差はあるものの、これによって社会や周りとの関心や関連付けが生じて互いの関係性を発展させ、動物とは違う異次元の社会システムである人の社会を作り上げた。アリストテレスが言う「人はポリス的な動物」だというのもそれであって、「第三者の目」を働かせられるから自然世界とは異なる人の社会を作るコトが出来る生き物になった。

初期の「鏡像段階」を経て「第三者の目」の獲得に至り、社会と己との位置関係のイメージを作って定位して、周りとの関係性を意識した社会が造られた。これがあるから社会状況が変われば人も変わる。長年に亘って共同体社会だったのにシステム化社会に変化した結果、それまでの人間関係のイメージをも変えさせられたので、皆と真逆に近い行為まで出るようになった。こういうことも「第三者の目」があるから起きる。

「第三者の目」に拠って複雑な人の社会が作られ、己がその中でどの位置にあるのか（定位）を大まかにせよ、分かって人は動くようになった。こうした人の社会は本能的な動物の群れの次元とは異なったものの、恣意的に作られた不完全な社会なので問題も起きる。以前の共同体でも利己的な言動や行き過ぎた振る舞いは時には起きたが、当時は世間の目が強かったので、余程のコトがない限り極端なモノが起きはしなかった。

しかし現代では社会が変化して、この旧来の社会システムが役立たずになった。ただ既にかなりの年月が経ったのにまだ空白が残っているのか、利己的にやりたいようにする者が出る一方で、逆に新しい空間が拓けることで、今迄にない新企画を産み出す者もいる。この良い面と身勝手に振る舞ったりする「パルマコン」のような両面が発生しているのが現状であろう。

「第三者の目」とイメージ

「第三者の目」と対話して、人は様々に想像して将来への希望のイメージを作り出しはするが、言い換えれば、一旦は物事をちょっと引いて見て、己の過去軸や将来軸を活性化させて、ああだこうだと様々に考えて想像を逞《たくま》しくして多様なイメージを作るものの、イメージは現実に目の前にあるモノではない。しかしこの想像する能力こそが、「第三者の目」が誕生して可能になったものであって、イメージ力と「第三者の目」は強く関連する。

しかしイメージと言って思い浮かぶのは、単なる空想に近いものとか、泡のようなものといった「脆いモノ」であろう。しかし既に述べたように、イメージは将来への企画と言った希望を生みだしたり、己の居場所を決めたり、社会のシステムへの応用といった必要欠くべからざるモノにも関与する。イメージこそが他の動物と区別出来る人ならではの能力なのだ。

身近な例で言えば、身体でもイメージは重要な働きをする。もっと突っ込めば、「身体もイメージで認識している」ということになる。こう言うと、「実際には視認してるじゃないか」との反論があろうが、己の身体を捉えるのは結局のところ、イメージなのだ。人はイメージで手や足の個々の部分を身体全体と関連付ける。

別の本で書いたが、高速道路上でのオートバイ事故がこの一例を示す。

ライダーがよそ見して、オートバイが分離帯のガードに触れたのだ。その瞬間、倒れそうになったが、倒れると後続の車に轢《ひ》かれる。必死に体制を立て直して走ったものの、あまりの痛さに次のインターで降りようとフットブレーキを踏もうとしたが出来ない。びっくりして見ると、足が千切れて無かった。

このことは、足が千切れて痛さを感じても、切れたかどうかは視認するまでは分からない事実を示している。これは、普段はイメージで足を理解しているだけであって、実際の痛みは脳から来るものだからだ。このように身体把握をイメージに頼っていることから、逆に次のような治療法も可能になる。足を既に失っているのに痛みが続く場合、その痛みは脳に起因することから、治療法の一つとしてこのイメージ力を逆手に取る方法があるのだ。

それは、健常な足を鏡に映して、「既に治っている」と己に言い聞かせるやり方で、治った足のイメージを新たに作る心理的な療法になる。上手く行けば足の疼《うず》きは徐々に収まるという。これはイメージの介在があるから出来ることなのだ。

要するに、人は「第三者の目」との対話を通してイメージを多様に作ることが出来る。ここに人の人たる所以があるものの、物や人を見る時にはイメージ力を借りるので、いくら冷徹に見ているとしてもそこにイメージが介在して、どうしても曖昧さや過剰な膨らみが出来る。このことから、同じモノを見ても人に拠って違う理解を示すようになる。イメージから見るので違う風に捉えられるからだ。これは哲学者カントが言う「人は物を直接に捉えられるのではなく、構想力でイメージ化して物を捉える」というのと同じことでもある。

存在も疑うことが出来るのが人

「イメージで作られる」を別の言い方をすれば、カントの言う構想力（Einbildungkraft）でもある。彼に言わせると人は物を直接に捉えられるのではない。イメージ化（構想力）してモノを理解するというのだ。目の前に現れる現象（Erscheinung）を感性（感覚）で捉えるものの、感覚的で己の中のことなので「表象」（Vor-stellung Vor目の前、stellen置く）になる。これを構想力でイメージ化して、客観性の基になるカテゴリーに当て嵌めて共通認識にするのだという。

カント的に言うと小難しくなるが、簡略化すれば、我々がモノを見る時に像のように捉えるのを表象と言う。言い換えれば、構想力でもってそれぞれに膨らませて、これがどの部類（カテゴリー）に入るのかと捉えることを言う。

いずれにしても、モノを捉えるには構想力というイメージ化が大きな働きをするが、問題はこのイメージ化のやり方であって、人それぞれに異なる。友人の見方でも会った人が複数いれば各々のイメージの作り方の違いから異なって捉えられる。しかし科学や学問においてはそれぞれ別々では困るので、カテゴリー化して認め合う共通概念を作った。例えば岩石を見ても、地質学者が見た岩石は当て嵌める岩の概念に照らして判断するので一般人のそれとは大きく違う。

もう一つは、こうして人は「第三者の目」を獲得したことで、一歩引いて見て「これはどのようなものなのか。また本当に実在するモノなのか」と「チェック」して、「疑う」行為まで出来るようになった。この時も、あらゆるモノをあれかこれかとイメージ化して様々にそれを膨らませられる。これがあるから、イメージ化能力を駆使して本物かどうかを疑うことすら出来る。

こうした作業を徹底してやった哲学者がデカルトである。彼は言う。窓の外を帽子が横切るものの、人は見えない、帽子を被った人が行くのか、竹竿で刺した帽子を掲げる子供がいるのかは分からない。このようにあるコトが起きても、全てが見えるわけではないことから、実際にはイメージ化して見ている部分が多いとも言える。そうして見ると、意外に確実なモノが見つからないことから、デカルトは確実なモノを探そうとした。

色々と疑って探ってみたが、確実の基礎になるモノが見付からない。そこで考えること自体も疑ってみたものの、「疑う主体がなければ疑えない」ことに気付いた。というのも、いくら疑うにしても、この疑う主体無しには疑う行為が出来ないのを悟ったのだ。よってここだけは確実に存在するとした。ここから彼の「我思う、故に我有り」(Cogito, ergo sum) の命題が導き出された。

こうなると彼の言う、疑ったり、イメージを作ったりするのが己なのだろうか。そうであるとも、そうでないとも言える。何故にこんな曖昧な言い方をするかというと、疑う主体が無ければ考えるとか疑うとかは出来ないものの、疑う主体が自己の全てかというとそれも違うからだ。もしそうであるなら、疑ったり、考えたりしてイメージを作るのみで行動には至らない。「行動する自己」があるから食料を確保して食べることが出来て生きて行ける。

要するに、「行動する自己」を「これで良い」と褒めたり、「駄目だ」と貶《おとし》めたりの批判をしたり、疑ったりする主体が己(自己)になる。自己を他者の目から見たように、もう一つの自己である「第三者の目」が働いて批判したり疑ったりする自己と、行動する自己とに分かれるが、どちらが本物の自己かと問われても、どちらも自己としか言いようがない。二つとも自己であって、もし一方だけとすれば一つは行動するだけになり、他方はケチを付けたり褒めたりするだけなので割れてしまう。これでは分裂した自己になるが、実はこうした形で分裂し易いのが人の自己の特徴にもなってくるのだ。

「第三者の目」との対話が人の行動を作り出す

この「分裂しやすいのが自己の特徴」とすれば、この二つに分かれたモノはどのように関係するのだろうか。

こうした行動する自己と、もう一つの自己でもある「第三者の目」との関係を上手く纏めたのが哲学者キルケゴールになる。彼は『死に至る病』で「自己とは何であるか。自己とは一つの関係、その関係それ自身に関係する関係である……自己とは関係そのものではなく、関係がそれ自身関係するということである」（桝田啓三郎訳）と述べる。

何を言っているのかが複雑で分かりにくいが、自己とは分裂し易いものの、行動する自己ともう一つの自己である「第三者の目」との関係から成り立つというふうに解釈しても間違いではないだろう。それと既述のように鏡の中の自己を鏡像認知して、己の像と己との関係を作るように、「第三者の目」は鏡の中の己の像でもある。鏡に映った別の己としての「第三者の目」と対話をし、これからどのようにするのかを決める。だから、自己とは対話から来る「第三者の目」との関係の結び付きを言う。これから「自己（行動する自己）ともう一つの自己（第三者の目）とが関わる関係か、またはその関係に関わる関係である」と置き換えてもそれほど問題はないだろう。

ただし、キルケゴールの哲学は単独者としての神との関係が主なので、自己の中での関係で完結するとは言わない。むしろ神と自己との関係を重視する。とは言え、「第三者の目」があることから己を反省して己の罪を認めて神との関係も成立する。となれば、一般的にはこの「第三者の目」と「行動する自己」との対話から齎《もたら》される関係が自己と言うのに近い。我々が小説とか哲学を読んで、描かれた人物の持つ関係に関係しつつ己を見直し客観視して、精確に己の捉え直しをするのも、「関係に関係する」とも取れる。

単純化を承知して言えば、自己とは「行動する自己」と「第三者の目」との対話から作られた関係を基本とする。つまり、思考過程の運動そのものの対話での関係が自己になるので動き易くて不安定なのだ。その上、対話からああでもない、こうでもないと多くの選択肢を作ってしまい、どれを選ぶかでも迷う。これも対話から来る関係が動的なので揺れ易い。固定された関係ではないので、状況次第でフラフラして脆弱であって、ちょっとした状況変化でも揺れてしまう。

決断のメカニズムにしても各々でやり方は違う。例えばマラソンの場合、「この走りでいいのか。もっとスピードを出して走る方がいいんではないのか」と批判する「第三者の目」があり、走る自己を批判しながら複雑な対話を交わしながら走る。

この対話の仕方は各人様々であって一様でない。

いい加減な人は面倒だと対話をあまりしなかったり、皮肉な人は批判する側が強かったりする。また利己的な人はこの対話を途中でやめてしまって中途半端な選択になる。やり方はそれぞれであって、この対話の仕方が個性や性格にもなるのだろう。余程のことがない限り、このやり方は生涯を通じて続いていく。年を経て身体や精神が様変わりしてもこのやり方はほぼ同じなので、同じ自己だと思えるのであろう。

こうした「第三者の目」との対話での動的で揺れる関係が自己であるならば、この関係に関わる関係も自己になる。「第三者の目」の介在があるので、単純な二者択一の好き嫌いとか、敵味方といった動物本能的な選択を一旦は留保し、対話をして多くの選択肢を作り出し、違う次元への飛躍の可能性を拓いた大本になる。

これを踏まえれば「あんなことはしたくなかったのに、何でやってしまったのか。本意ではなかった」という弁解の根拠に主体的な自己の不在を言い立てたとしても、自己とは思考運動からの関係を基本とするだけに「やってしまった自己は本当の自己ではなく騙された自己だ」と主張して、「だから責任はない」と弁解しがちだが、それは無理な言い訳になる。自己とは「第三者の目」との対話の思考運動から来る動的関係なので、甘い所があって騙されたとしても、やり取り全てから来る動的関係それ自体が自己であって、これがなければ行動に移すことが出来ないからだ。

要は「第三者の目」だけが自己でなく、「行動する自己」との対話から作られる動的関係が自己になる。この複雑な対話のやり取りを厳しく精査しなかった場合は、「動的関係としての自己」の責任になり、やはり逃れられない。行動に移すには様々な選択肢があるのに対話をあまりせず、「好き嫌い」の二者択一からの単純な選択にしたり、「第三者の目」との対話が面倒だと余りしなかったり、偏見や思い込みを入れたり、今まで通りにしたりして、怠惰な行動を取りがちなので、どうしても失敗や騙されたりが起きるというわけだ。

八　迷いと定位と生き甲斐
――アイデンティティの問題

自由と迷いを持つのが人の本質

おしなべて人は失敗をしたら、過去を振り返って反省を踏まえ、次の行動をどうしようかと「第三者の目」と対話する。一旦はこの状況から引いて見て、過去にどのようなことをしたのかを思い出し、過去と対話をして、当時の周りと己との位置を確かめる。それからどうするかを考えて幾つかの選択肢を作る。こうすることで恣意的に選択肢を様々に作ることが出来て、新たに行動する力を得るのだ。

この選択肢を作るという作業は、本能に従うのとは一線を画した別次元への飛躍になる。だから「第三者の目」と「恣意性」は同時に出現したと言えるだろう。しかも、たとえ選択肢が作られたとしても、自由に思うがままに何でも出来るのかというとそうではない。

視野の狭さや思考に限界があったり、また自然や社会の中の一員という縛りや慣習からの思い込み、また他者からの刷り込みが入り込んだりして、純粋に独自の立場で選択肢を作るのは難しい場合が多い。

もっと問題なのは迷いである。

選択肢を多く作れたとしても、行動するにはその中の一つを選ばなくてはならない。選択肢が多いのは素晴らしくても、どれを選ぶのかで迷いが生じるのだ。

どうしてそうなるのか。

多くの選択肢の中から一つを決めるのに迷うのは、独りで行う意味付けに自信が持てないからだ。「これで良い」と支えてくれる他者がいれば心強いが、この他者を探し出すのが難しい。選択を支えてくれる他者がいるかどうかは、既述のようにアイデンティティの確保にもなって、究極的には生きていけるかどうかにも繋がる。

だからこそ、「なりふり構わず友人を大切にして、確保に必死になる」ことが起きたり、身勝手な「自己中グループ」の連中であっても仲間をとても大切にしたりすることも起きる。これを単純化すれば、熱烈な一人の支持さえあれば人は生きるに事足りるとも言える。典型例が恋人同士で、彼らは二人だけで十分で後の人達は付け足しに過ぎない。一人の熱烈な支持さえあれば生きて行ける。

しかし支援者が見付からなければ、ずっと迷うこともあり得る。これでは次の行動を取ることが中々出来なくて生活に支障をきたしたりする。そこで考え出されたのが「慣習」になる。皆のやる通りにするなら迷いは生じないからで、哲学者ハイデッガーはこの行動を取る人を既述のように「世人（Das Man）」と称した。我々は「世人」として過ごしたり、あるいはしっかりと己で考えて振る舞ったりして暮らすが、「世人」としての在り方は何も考えずに怠惰に生きることにも繋がってくる。

現代は複雑な上に常識の劣化が激しい時代である。「第三者の目」と対話して上手く意味付けが出来て行動を起こせれば良いが、そう出来なくて迷わざるを得ないことも多い。逆に言えば、「これでいい。大丈夫」と己の意味付けを支持してくれる人が欲しくても見つからない場合は、開き直れば一人での意味付けでも行動は取れる。乱暴な行動を取ることも身勝手なものも作ることも出来てしまうが、そこに客観的な正当性は何もない。

このように「第三者の目」と「行動する自己」との対話の思考運動から来る動的関係が自己だとすれば、動的なだけにちょっとした横やりが入っても揺れが生じ易く、上手く収まらないこともあり得る。人が動物と違い酷い精神病を患うのも、自己というものが本能だけでなく、己と「第三者の目」との対話から来る動的関係によって成り立っているからだ。

他の動物では見られない自殺も、自己が動的関係に基づくから起きる。逆に自己が「第三者の目」との対話から作られる動的関係でなく本能に基づくモノなら、分裂したり纏まらなかったりすることはあり得ない。現代で自殺が多いのは自己の中の揺れを収め切れないからだ。他の動物には分裂や迷いから来る自殺が起きないのは、本能的な指令で動く「行動する自己」が殆どで揺れが少ないからだ。ここにこそ、人が動物とは際立った対比を成し、「自己とは思考運動から来る動的関係」の逆証明にもなる。

このように本能的行動に依拠せず、「第三者の目」との対話から幾つかの選択肢を作ったり、他者からの協力も得たりすることが出来ると、大きな集団を作ることが可能になる。日本が助け合いを旨とした社会として纏まりがあったのも、仲間や友人からの支援システムが上手く働いたからだろう。

しかしいくら良き支援者に出会っても、人は他者の意見をそのまま己の中に取り入れはしない。「第三者の目」の中での吟味という摺《す》り合わせをしてから取捨選択して取り込む。言い換えれば、「第三者の目」は社会へと開かれた窓にもなっていて、「自己の中にある他者性」とも言える。「第三の目」は他者の意見を理解して受容することに深く関わり、成長するに連れて社会性を身に付けたり他者の意見を取り込んだりして視野の広さや懐の深さを手に入れることにも繫がる。

他者の意見を取り込んで上手く摺り合わせられれば問題ないが、豊かな現代では困難に出会うことも少なく失敗の経験にも乏しい。その上、他者の意見や社会性の取り込みを活発にしないので、どうしても「行動する自己」への批判が甘くなって「動的関係としての自己」の確認が曖昧になり易い。

いずれにしても、人に迷いが生じることは、自己とは本能に従う実体ではなく、「第三者の目」と「行動する自己」との対話から作られる不安定な思考運動から来る動的関係であることの証しになる。とは言え、行動するのにいつも「第三者の目」と「行動する自己」との対話から決めなくてはならないとなると、それは面倒な作業になる。そこで日常では人は「世人」的に行動するか、または己の中で合理化して一定の己の行動規範を作る。既述のように、哲学ではこれを格率（Maxime）と言う。

ここで生じる問題として、人は「第三者の目」を持つことで多くの選択肢を手に入れて恣意的に振る舞うことが出来るようになったものの、どれを選んでいいのかという迷いをも同時に招来させたことになる。

迷いと定位との関係

ここまで述べてきたように、人の自己は動的関係に基づくので、元々が迷いやすい。そこへ持ってきて、現代では「世人」的（常識、慣習）な行動基準が曖昧になっていて、どのように行動していいのかが定まっていない。個人に限れば迷いの典型例として挙げられるのが、己の定位を見つけることが出来ず、己の居場所を見付けにくいことだ。特に現代のシステムでは派遣やパートは不安定である。また会社勤めが出来る間は何とかなっても、退職した後で改めて己の居場所を見付けなくてはならない。昔のようにキチンとしたコミュニティがないせいで、個人に自由があるのは素晴らしいものの、何処に居場所を見付けていいのか分からないことが起きている。

次に述べる諍いも、冒頭で挙げた欅事件に似ているかもしれない。というのも、同じように退職後のおっさんが起こした諍いだからだ。

舞台は新興住宅地。バブル期ぐらいから田畑が分譲住宅地になった地域で、狭い道沿いに十軒くらいの新住宅が生まれ、最後の角地にコインランドリーが出来た。そこでの諍いである。

八十を過ぎた女性の仲間三人が、いつもこのコインランドリーを利用していて、洗濯したモノの乾燥が仕上がるまでの待ち時間におしゃべりを楽しんでいた。毎日の恒例の楽しみであって、この元気な三人娘と言っていい老人達は駄菓子を互いに持ち寄って交換して食べながら、この交流に興じ、そこが彼等にすれば重要な交流の場であった。こうしたグループは珍しいものではない。似たような幾つかのグループがあったが、この三人はコインランドリーの中ではなく、外でおしゃべりを楽しんでいたのだ。

そうしたところ、隣の住宅の退職した老人がおしゃべりが煩《うるさ》いと怒ってきた。仕方なく、駐車場の隅にあるその家とはかなり離れた背の低いブロック積みの擁壁に腰掛けてのおしゃべりに変更した。ところが、そのおっさんは三人娘のおしゃべりがまだ煩いのか、再び、怒ってきた。そこで彼等は声を潜めてのおしゃべりに変更したのに、次の日もおっさんはまた怒鳴って来る。彼等が居るだけで煩かったのだろう。

そんな三回目の時だ。この三人娘の中の一人が「何だ、このアホ。お前に怒鳴る権利なんてない」と怒鳴り返して喧嘩を始めた。背の低い彼女だが八十を過ぎているというのに、とてもエネルギッシュで弁も立つ。あっという間に、そのおっさんは何も言えなくなってしまった。そうしたら、次の日にそのブロック擁壁に白い液体が撒かれていた。妙なニオイがして座れないので、彼等三人娘は家に戻って、それぞれに小さな椅子を持ち出して駐車場の片隅に座り、またおしゃべりを楽しみだした。さすがにおっさんもこれには手出しが出来ない。

次におっさんがしたのは、コインランドリーの駐車場を挟んだ道路越えの向かいの店に「客のおしゃべりが煩い」と怒鳴り込むことだった。初めその店主は驚いた。何を言っているのか分からなかったからだが、事情が分かるや、「お前に言われる筋合いでない」と怒鳴り返した。迫力満点で、おっさんも怖くなって帰ったが、それで済むわけがない。しばらくして、店の車のタイヤに穴が開いた。キリで開けたらしい跡が残っていたので、店主は警察に届け出て調べて貰ったが、証拠がない。元々、そこの十軒並ぶ住宅の車の幾つかの家もタイヤをやられて困っていたのだ。でも、そのおっさんは警察が来て調べているのを二階の窓からカーテン越しに見ていたらしい。

警察騒ぎが話題になったからなのか、おっさんはそれも出来なくなって、次にしたのがこれだ。コインランドリーの顧客の中には、乾燥を終えるまでの待ち時間にこの家の前の道をぶらぶらしながら歩く者もいる。その客に「通るな」とおっさんが家の中から怒鳴るようになったのだ。そこは公道である。そんな文句を付ける権利はおっさんには全くない。怒った顧客と言い合いになり、客が「出て来い」と怒鳴り返しても、外には絶対に出て来ない。己の鬱憤晴らしと店への嫌がらせとして、客を来ないようにしようとしたらしいが、それも中々、上手くは行かなかったようだ。

こうしたおっさんの言動は問題ではあるものの、彼が退職した後、何処に己の居場所を見付けたらいいのかが分からなくて、その存在を主張するようになったとも取れるのではないのか。無論、こんなことが許されていいわけはないが、欅事件と同じで、共同体社会からのシステム化社会への変更が齎《もたら》した自由を解放と捉えはしたものの、何を基準に行動していいのか、また己の居場所を何処にしていいのかが分からなくての行動とも受け取れないだろうか。

人は己の時間軸を作った

このように、それぞれの恣意的な行為を生み出せるのは、己で意味付けが出来るからだ。

己の居場所を見付けて、そこに生き甲斐を見出せるかどうかはアイデンティティの確保の問題でもある。人は自らの行った意味付けで決定としようとするが、そこにどうしても迷いが生じる。そうした時の助けとなっているのが、己の時間軸の創出になる。

これについては先に少し触れたが、「第三者の目」の介在によって己の振る舞いを一旦、客観的に離れてから、過去に「己がどのようにした」のかを思い浮かべることになる。過去の己のした行為を振り返って客観視することは、己がした過去を時間軸上に並べて考えることであって、「過去軸」の創出にもなる。これが出来るから次にどうしようかと、「第三者の目」との対話を通して次の行為への取り組みを幾つか企画することで、新しい選択肢を作り出した。このことは独自の「将来軸」を共に創出させたことにもなり、その時彼は「過去軸」と同時に「将来軸」をも発生させたのだ。

こうして己の時間軸上の時系列から複雑な組み立てが出来る独自の地平を手に入れると、多くの選択肢を持てるようになる。このことが取りも直さず、己の行為の意味付けにもなって、人にとって重要な働きをするのだ。

これがどれくらい大それた出来事かというと、他の動物と比較してみれば良い。動物でも「ここに来ると獲物がいる」という記憶は持ち得るので同じ過去軸を持てるのではないかとの疑問もあろうが、彼等の過去は記憶の一点でしかない。これを刺激として、あそこで待とうという反射運動を生み出す「刺激と反応」の作用が生じているだけだ。これは現在でしか起き得ないので、現在という地平に吸収される。それで元の場所に戻って過去と同様にジッと獲物を待つというのが主になる。

しかし人は「第三者の目」の介在によって過去の行動を振り返って己の時間軸上に出来事を順次並べることで己の「過去軸」を発生させ、それから「第三者の目」と対話して多様な対応の仕方を考えて新たに多くの選択肢を作ることで己の将来軸をも作ることが出来る。他の動物にはこれが出来ない。

このように、人は独自の時間軸を作ったことで大きな変革を遂げる礎を作り上げた。動物と違い、この前ここに来たが獲物を捕らえ損なったから、次はやり方や場所を大幅に変えてみようといった全く別物の企画を人は立てられる。過去の出来事の経緯を思い浮かべて己の時間軸上に順に並べ直し、何処で失敗したかを反省して、これまでとは別の大幅に違うやり方をしてみようと、次への取り組みの将来企画を考えて多様な選択肢を作ることを可能にしたのだ。

ここで、動物でも獲物を捕らえるのに経験を積み重ねながら対策を変えるので同じではないのかという問いについて、改めて考えてみよう。人では「第三者の目」を持てることから、全く異なる視点での大幅な変革が出来る。しかし動物では同じ地平に留まっていて、次の行動を取るとしても少しの修正しか出来ない。ユクスキュルがいう「環世界」に囚われて、そこでしか生きられないので、大幅な変更を必要としないし、出来ないのだ。

このように過去軸、将来軸が作られたからこそ、人だけが大きな変革を成し遂げ、異次元へと飛躍可能な企画を作り得た。例えば植物の栽培化や動物の家畜化がそれであって、「自然の成り行きを独自の時間軸上に並べ直し、新たな物造りを創造する」ことが出来たのだ。観察をじっくりし続けることで、時間を独自の時間軸上に並べ直して、異次元への飛躍を可能にさせる変革を導き、人の社会を大きく発展させたわけだ。

これから分かるのは、部分的にせよ、本能から離脱して自分で考えられる自由を得たのは素晴らしいものの、先に述べたように、束縛からの解放と自由を得る一方で、「次に何をしたら良いのか」という迷いをも同時に抱え込んだということだ。他の生き物は環境に縛られる代わりに、いつもの通りにしていれば迷いや悩みを抱えることは少ないが、人は将来への幾つかの選択肢の中から一つ選んで決める責務が生じ、何事も自分で決めざるを得ない「業」という重荷を背負ったのだ。

これを避けようとして、なるべく変化をしないようにと現状維持を好む傾向が人にあるのは、元々が「環世界」の中で生きていた動物時代の痕跡なのかもしれない。しかし人は今、恣意的に作った人の社会に生きている。動物世界には戻れない以上、常に改革をして行かないと誤差が生じて立ちゆかなくなる。日本で今起きている三十年に及ぶ停滞もそれであろう。

とにかく、意識する、しないは別にして、将来への企画を持たない人はいない。つまり、漠然としたものであっても「明日が無い」と思う人はいない。こう言うと、何もそんなことは考えたことがないという人がいるが、既述のように、無意識のレベルで慣習や常識に従っていたり、己の格率で動いたりしているのだ。

問題は、将来への企画（ビジョン）は頭脳が産み出す抽象的なものなので、現実にやってみないと分からない「絵に描いた餅」にも成り得る脆弱さを伴うことだ。とは言え、人は己で計画して生きねばならない。もし企画を怠ったなら将来はもっと危ういものになる。人は自然の中に埋没しない代わりに、将来へのビジョン無しでは何をするのかが決まらない。もし将来へのビジョンを作る哲学が曖昧で組み立てた論理が杜撰《ずさん》であれば、来たる将来は危ういものになる。

要するに、人は「過去軸」と「将来軸」を発生させて沢山の選択肢を作ることで、現在に膨らみを持たせたが、動物は刺激と反応という現在に収斂される条件反射の行動を取り続けているに過ぎないのだ。これからすると、動物はいつもずっと現在に生きていて、現在だけが永遠に続くという論理的にはおかしな永遠性の中に生きている。だから、動物は将来への悩みを持たないが、人は「過去軸」や「将来軸」という己の時間軸を作り出して企画が出来るようになり、選択肢が豊富になったものの、迷いや危うさも同時に背負い込んだ。もっと言えば、己の時間軸を持ったことから、いつかは人は死ぬという己の生命の有限性までも知った。こうした時間を自覚することから、何故、己がここにいるのかとの疑問も自ずと浮かんでくるだろうが、これに対する絶対的な答えを有限な存在である人間は持てない。永遠性を求めるなら宗教的なものを信じるしかない。

それはそれとして、人は自らの力で将来を考えて多くの企画を作ることが出来ても、最終的にはどれか一つを選ばなくてはならない。ここには企画を作れるということの勝れた点と難しさがあり、ハイデッガーが言う「企画をする（entwerfen）」という言い方にも繋がる。entとは「ここから離れた所へ」であり、werfenとは「投げる」を意味していて、人はここから将来に向かってどの道を辿るかを投げてから進むコトが人の生き方になったのだ。何も考え無しに将来に向かって歩くことは出来ない。何かしらの将来のビジョンを作らざるを得ないからだ。これは己の居場所を将来に亘って見付けようとすることでもあって、己の定位や生き甲斐を招来させることにも繋がる。

このように述べてもなお、「己の時間軸を作れた」のはたいして重要なことではないと思われる方もいるかもしれない。では、ちょっと別の観点から話してみよう。「己の時間軸」の地平に立てば、自分だけの時間感覚が生じるようになるので、楽しい時間は早く過ぎると感じられる。詩人シラーは言う。「幸福なことには時計は時を告げないと（Die Uhr schlagt keinem Glucklichen）」。楽しくて何かに夢中になって過ごすと己の時間軸が意識されなくなることを言っている。逆に困難に遭遇すれば、どうしたらいいのかと思い惑って、過去軸と将来軸はフル活動して一つ一つを吟味して自覚して考えざるを得なくなって、時間はいたずらに長くなり、長い悩みの時間に苦しめられることになる。

時間軸が停滞して遅く感じたり、逆に早く感じたりするのは己の時間軸を持つ人に特有な現象である。他の生き物には自覚した己の時間軸はないので、「待つ」ことをいつまでも出来る。彼等にとっては待つのに飽き飽きするかしないかというよりも、目的を得られるか得られないかが重要であって、一つ一つの時間経過は体内時間で計られていても、自覚することは滅多にないであろう。

人の場合でもこれは年齢によって違ってくる。幼児の時間がゆっくり過ぎるのは、一つ一つのどれもが新しい発見や体験なので、いちいち確かめながら生きているから時間がゆっくり過ぎる。逆に老人にとっては全く新しい体験はあまりない。分かり切ったルーティンの行動が多くて、無意識での自動運動が大半を占めるので己の時間軸は活発に作動せず、ハッと気付くと時間は「矢のように」過ぎている。

こうして時間感覚を感じられることから、人は何かを企画して始める場合に、その目的の大きさや難しさといった目標設定の違いで差が生じて、内面的な充実感を得られたり、得られなかったりする。例えば世俗的にお金を少し貯めるとかちょっとした贅沢品を買うためだったら目的を達成し易く、少しの充実感なら容易に得られる。しかし達成すれば消えてしまい、己の時間軸の停滞が起きて不安に襲われて次々と新たな目標設定をせざるを得なくなって振り回される。大金持ちなのに意外にも充実感を得られていないというのもこれであって、内面的な時間の充実感が切れ切れになっているからだろう。

逆に、大きな目標設定を立てた結果、目標にまで行く道が分からなくて見当も付かなかったり到底そこまで行けなかったりとなってくると、事情は全く異なる。というのも、こうしたことに挑戦するには、ハイデッガーが言う余程の強い決意（Entschlossenheit）が必要で、決意は強固でないと上手く行かないので達成するまではずっと意識し続けなくてはならないが、自動運動化の項で述べたように継続は言う程に簡単ではない。目に見えない精神世界のことにも繋がるので心底からの継続の決意がないと出来ないものだ。

人の持つ格率と他者とはどう関係するのか

いずれにしても人は将来への企画を作って生きるが、いつも一から考えて企画して意味付けしているのでは効率が悪い。そこで既述のように一般生活レベルでは自分なりに格率（信条や指針）を作り、それに従って行動する。こう言うと、「私はそんな大それた格率のようなものは持っていない」との反論が直ぐにあろうが、逆にもしその人が格率を持たないなら、本能指令だけで動く動物になる。人と動物の違いは決定的で、人の場合、どんなに考え無しに行動しているようでも、それなりに意味付けした格率を持って行動している。

極論すれば、ある人が出たとこ勝負で行動すると言っても、「その場その場の出たとこで行動する」という格率があるから行動出来る。もし出たとこで行動するのが本能だとしたら、人の社会の住人ではなくなる。人は自然摂理に従う本能動物とは違う。「環境繋縛性」から抜け出ているので、元に戻るのは不可能である。

例えば腹が減ってそこに食べ物があったら人はそのまま食べるだろうか。大半はチラッと見て、食べていいものかどうかをチェックしてから食べる。いくら腹が減っていても、見知らぬ物は食べない。動物でも同じではないかと思われるかもしれない。確かに動物は本能的に嗅覚などの感覚が鋭いが、臭いとか形が以前と同じなら、無味無臭の毒を含んだ化学物質が入っていても分からないから食べる。だが、人は安全だと分かれば食べても、未知のものは敬遠する。太古の未開な時代では動物と同じように未知なものでも試し喰いをしただろうが、「環境繋縛性」から脱出して複雑な知識集積型社会になった今は、かつての未知なるものにはどれにも名前が付き、名無しの食物を食べる人は殆どいない。それはふつうに口に入れるのが怖いからで、人の社会を何も理解しておらず指針もないとしたら、人は生活さえも出来ない。

このことはちょっと考えれば分かる。網の目のような地下鉄の場合。もし本能的に行動をしたとしたら、どこにも到着出来ないし、何処に行くかも分からない。遊びは別にして、生きていく上での食料確保や住居といった問題になれば、当てどもない行き当たりばったりでは暮らしていけない。たとえ格率なんて持たずに行動出来ると豪語したとしても、複雑な社会をある程度は理解し、この時はこうするという指針を持たなければ暮らせない。動物のように自然世界にドップリ浸かり、「環世界」での本能的行動を繰り返すならともかく、人は生きていく上で何も考えないようでいて、無意識のうちに「この時はこうする、あの時はこうする」との指針を持ち、予めどうするかを決めて動くものなのだ。

内面的な時間は充実感を呼び込む

豊かになった現代においては、己で考えて行動する自由が大きいように見えて、実は組織化された社会でのシステムに従っての行動が多くなっていて、このことが問題を生じさせている。どのような問題が起きるようになったのかというと、一つには生き甲斐の消失がある。会社での分業化が進んで完成形まで作ることが少なくなって、一つの製品を最後までやり遂げる仕事が殆どなくなり、己の考えでやり切る仕事が減って働き甲斐を得にくくなった。給料との対価で働くという形で、言わば働く間の時間を会社に差し出す代わりに報酬を貰うのが定番となった。こうした仕事は単調なので、考える暇も考えようとするエネルギーも枯渇しがちになる。言ってみれば、己の精神を見つめるという内観を失い、内面性を喪失させているのだ。己の時間はあるのに、それを空しく費消させるから虚無感に陥りやすく、これによって事件を引き起こす原因にもなっている。

こうした利益第一主義から来る仕事の効率化に伴う現代の状況をミヒャエル・エンデは『モモ』という寓話で警告する。ここでエンデは、人々に合理的に働いて時間を節約することで「時間貯蓄銀行」に時間を貯蓄するのを勧めて、その人固有の内面時間を奪う「灰色の男達」と、それに反抗する「少女モモ」との闘いという話を作り、皮肉なやり方で現代問題を告発した。まさにこれは、効率を重んじ合理性の追求を第一に掲げる逃げ場のない会社システムで忙しく働く「世人（Das Man）」を救おうとする物語なのだ。

無駄を無くして忙しく働けば時間を貯蓄出来るし、給料も多く貰えるからと「灰色の男達」から「世人」は勧められる。だが、節約して預金させられた時間は「灰色の男達」が作った「貯蓄銀行」に入って彼等の生きる糧になって奪われる。というのも、効率良く働いて時間を貯蓄して給料を多く貰っても、機械的な忙しさに追われて己の内面時間に無関心でいる内に、いつの間にかこれを奪われてしまうからだ。

各々が持つ余裕や内面性を失い、内観をしなくなったことから人間性喪失が生じて、そこから事件を起こす人も出る。その一方、これが既に日常化して現代のように当たり前になると、忙しいのは何でもないとか、中にはこれを好む人も出てくる。会社に言われた通りにすれば己で考える必要もなくて楽だと捉える人達も出現する。内面性に無頓着な者には、むしろこの状況は好ましく思えるのだ。逆にこの人達にとっては会社のスケジュール通りに忙しく働くことが重要であって、『モモ』での灰色の男達への時間の貯蓄という欺《ぎ》瞞《まん》行為を助けることになって人間性喪失へと繋がるものの、意に介さない。それどころか、彼等はスケジュール手帳が一杯でないと不安に襲われる。だから、今のままでも構わないという人が出てくるのだ。

このように忙しく働いて内面性の喪失があっても、何でもないと言う人が出るのはどうしてだろうか。それは会社からお仕着せのスケジュール通りにするというのは「何も考えない」ことであり、反省も企画もしたくない「世人」の地平になるからだ。ここでは己の時間軸を無視して会社の時間軸に依存して動くことになる。そうすると己の時間軸が作動しなくて何も考えなくて済むので、痛痒《つうよう》を何も感じないということになる。

意味付けとイメージは表裏一体である

こうした行動に関連するコトに「イメージ」がある。というのも、人の認識とは、己の構想力でイメージ化して物事や世界を見て纏めるものだ。それで独自な意味付けへと繋がる。また既に述べた通り、身体を捉えるのも己の作ったイメージであって、その中で人は生きているのだ。これから己のイメージがその人の現実にもなっていて、例えばスケジュール表を一杯にするのが生き甲斐の人に、「ちょっとおかしいのでは」と言ったところで、そのイメージの中で生きている人には届かない。「勝手なイメージであって現実的でない。ヴァーチャルそのものだ」と諭したところで、その人にとってはリアル（現実）そのものなのだ。余程のことがない限り言うことを聞こうとはしない。

ここに人の見る現実がどういうモノかが示される。ヴァーチャルだろうが空想だろうが、己の中で意味付けして信じたイメージがその人の現実になるからだ。空想だと非難してもその人にとっては真の現実なのだ。新興宗教に取り込まれるのもこれがあるからだ。

また社会システムのイメージになれば「共同幻想社会」と皮肉に捉えられるものの、人々から是認されて皆が共有することでパワーを持てる。しかしこの「共同幻想社会」の社会システムが役に立たなくなると皆からの信用がなくなって、そこに空白が生じて隙間が出来る。この空白があることから、独自に勝手なイメージを作ったり、イメージを作れなくて不安定になる人も出る。

新たな社会システムへの移行には問題が生じ易い。いくら何とか繕《つくろ》ってみても脆弱だったり、欠陥があったりして、新体制を皆が承認するまでには時間がかかり、空白が出来て問題も出てくる。日本では共同体的システムが壊れて、組織化されたシステムへの移行が進んできたが、上手く行っているとは言えない。西欧であっても自由民主主義が上手く機能しなくなってポピュリズムが主流になり、空白が生まれてどうしていいのか分からなくなっている。言うまでもないが、ロシアや中国のような一時代前の専制国家は論外にしても、どう修復したらいいのかが見付からないという現象が各国に生じ、日本以上に国家を不安定化させているのだ。

こうして、国のシステムをどのようにしたらいいのかが決められないことにより深刻な空白が出来る。システムが決められなければ各々がそれぞれに意味付けをするしかない。国民としての共有イメージが弱ったのにつけ込み、スマホでの勝手な書き込みや身勝手で利己的なイメージを作ろうという人も出てくるが、一方でこのシステムに空白が生じたことで新しい分野に挑戦して開拓しようする者も出現する。難関大学を卒業して大企業や官庁に就職するのが主流という現状に飽き足らず、新たに起業したり、新しい研究に没頭したりする若い世代が生まれつつある状況はこれに起因する。

問題は、空白があることを理由にして、自分が惨めな人生を送っているのは己が悪いのではない、他者や社会システムや規制が悪いという身勝手な意味付けも作れてしまうことだ。こうなれば自分は悪くはなく、自分以外の他者は全て悪という他者像も容易に作れる。西欧諸国の移民問題もこうした局面を含み、他社＝悪を語る本人にとってはリアルなイメージなので、社会全体を敵視することにもなる。

人が見る現実とは、このように意識、無意識を問わず、自分の中で意味付けしてイメージ化したものなのだ。思春期の揺れる高校生が現実を虚無と見たり、書物を読んで人の世界の意味付けの多様性を理解し、全く違う現実を見るようになるのもこれだ。ロマン・ローランが『ジャン・クリストフ』で、主人公を慕っていた少女の心が分からなかったのを後で知ったのも、人が見ている景色は己が意味付けしたイメージでしか見ていないからだ。精神が変われればイメージも変化して、同じ景色なのに違う風に見える。

イデオロギーも同じだ。

これも思想から作られたヴァーチャルな共同幻想社会理論の中の一つに過ぎないのに、この通りの現実にしようと人々を強制する独裁政治を掲げたり、イデオロギーの違いから殺し合いまでする。二十世紀においては問題が頻繁に出て、イデオロギーの時代は終わったとも言われる。むしろ現代は変化のスピードが激しく、共通イメージを形作る時間がなくて空白が生じ易いが、個人的で独創的な意味付けも逆に生まれ易い。現代では各々がイメージを持てて創造的な挑戦が出来る一方、身勝手な意味付けを作っても取り締まる手段がない。というより、作ったイメージから来るヴァーチャルで敵対的な他者像を勝手な意味付けだと非難したところで、彼等は彼等なりにイメージを密かに作って通り魔的殺傷を決行するので防ぎようがない。

こうした空白が現代に生じることで、「自己の中にある他者性」に社会性や客観性が不足するようになって、弱化が生じた。加えて孤立化が進んだことで、勝手気ままなイメージであっても誰からもチェックされない現状がある。これがあるから、ＳＮＳなどでは通り魔殺人犯をよくやったと称賛する人達も出てくる。

これとは別に権力を持った人が作った独裁国家はもっと問題で、大きな危険を伴う。独裁者のみが意味付けしたイメージであるのに、それを教育や情報を通して強制的に人々に受け入れさせ、「社会の安定」の名の下、監視カメラを使って恐怖政治を敷いて人々の自由を奪うことすら出来るのだから厄介だ。

とは言え、民主主義の日本であっても、旧来の村共同体システムを抜け出しはしたが、拝借した西欧の民主主義も役に立つほど日本化するところまでは行っていなくて、新たなシステムへの移行が出来ていない。その上、肝心の西欧諸国にも問題が出て、これまでの社会常識に強い強制力がなくなった。その綻びが出て超利己的行為とか自己中グループの仲間内だけの理屈とかが横行するようになった。社会が機能しなくなる恐れが出ているものの、元々、人の社会は間接的にせよ、お互いが助け合って社会を作り、そこから恩恵を誰もが受ける。いくら身勝手さからおかしな意味付けを作る人達が出ても、大半の人々は違うはずだ。「自己の中にある他者性」をしっかり確保していて、他者を蔑《ないがし》ろにしないという一般的な社会のコンセンサスを尊重して、勝手な意味付けはしない人々が多数派を占めているのが現実だと思いたいが……。

終わりに

人の特性は「恣意性」であることについて述べてきたが、ここから導かれるのは、人は身勝手にもなれるし、誠実で理性的にもなれるということである。人はこの「パルマコン」のような両面を持っていて、これは個人だけでなく、国のシステムでも起こり得る。

個人が恣意的な欲望から己の利得だけを求めると非難されるが、それは他者との協力で人の社会が成り立つのを無視することになるからだ。しかし一方で「恣意性」には良い点もある。たとえ恣意的な振る舞いから己のためにするにせよ、新しいことをしようとする挑戦の精神もここから来るからだ。パルマコンのように毒を含み難しい問題ではあるものの、「恣意性」を非難すると、そこに含まれる挑戦の精神をも無視しかねなくなる。例えば日本では起業に失敗すると、失敗者の烙印を押されて、再挑戦が難しくなるが、アメリカではそういったことはないという。結局は、人の社会の発展への意思を大切にして、無視したり、侮蔑したりしないようにすることが大切になってこよう。

国家のレベルになれば、独裁者による専制主義はさらに問題を起こし易い。独りの人に権力が集中するせいで、どうしてもやりたいようにする身勝手な行為が出易くなってしまう。既に述べたように、人はイメージをもって将来の計画を立てて行動しても、他の人々からのチェックがなければ、「恣意性」を抑えることができず、例えばプーチンのように「旧ソ連邦復活」のイメージからウクライナへの侵攻を実行してしまう。中国の習近平も同じで、自由貿易を標榜《ひょうぼう》するのに、自国の会社に大きな援助を与えて他国の企業を圧倒しようとする。また共産主義的に平等を施して格差をなくそうとしたが、統制強化から自由を制限すれば自由競争がなくなって発展は難しくなり、結局はすべての理想は空想のまま終わることになり易い。何故かというと、権力を持ったら、いくら共産主義を標榜する労働者階級とは言え、最後は単なる一党支配の独裁制に陥りがちだからだ。ソ連や東欧のチェコ等では、これで破綻した。独裁政党になると問題を起こし易いのは、他の党からのチェックがないので欲望が暴走してしまうからだ。

これを防ぐ現実的な対応としては、権力者をチェックするシステムが必要というのが妥当なところであろう。○○主義というのでは、個人主義化した現代社会を纏められない。このことは、既に二十世紀において証明済みであって、自由と平等はトレードオフなのだ。

両方を成り立たせるのは不可能である。豊かになった社会で出来るのは、なるべく格差を少なくするように現実的な対応を取るのが精々であろう。このような状況になるのは人が恣意性を持つからであって、大きな権力を与えられると人は独裁者になってしまう。強大な権力者になれば何でも恣意的に命令できて、人はその快感に抗えない。これこそは、人の性というものだ。

今は民主主義陣営でさえも危機が叫ばれている。貧富の格差や右翼と左翼の違いから二極化して、アメリカのように分裂して纏まりにくいということが起きる。「恣意性」から作られた人の社会においては、国家もまた纏まるのが難しいが、民主主義体制ならまだ、トランプのように独裁的に身勝手なことをしようにも、反対者が多く出た時点で選挙で敗れるから好き放題は出来なくなる。しかし民主主義国家においても、国民が纏まっているかというと、上手くは行っていないというのが最近の状況であろう。

歴史的に見れば、民衆は権力者から自由を求めてきた経緯がある。民衆への自由の拡大が人の社会の歴史でもあったと言えよう。押さえつけられて奴隷のように働かせられた時代から、次第に民衆が力を付けてきて、自由な社会にまで至ったのが先進国と言ってもよい。

これから分かる通り、もし人々の自由や機会の平等が侵されるなら、長い目で見れば国のエネルギーは削がれることになる。なのに、プーチンや習近平のような独裁者は「恣意性」から来る己の身勝手な振る舞いから他国に侵略を仕掛けても何とも思わず、徒《いたずら》に世界を不安定化させている。これに比べれば、いくら民主主義国が上手く機能していないと言っても、権力者が人々を抑圧するようになれば、人々が反対して指導者の交代が起きるシステムがあるぶん、この方がずっと良いだろう。

確かに民主主義であっても、国の運営が上手く行かなくて皆のエネルギーがしぼんでしまう場合がある。とは言え、ロシアや中国は一時的には上手く行くように見えても、次第に民衆の不満が溜まって来ているようにも見える。いつか何処かで噴き出しても、不思議ではないだろう。

民主主義国である日本においても、色々と問題はあるものの、他の民主主義国と同様に日本国憲法によって権力者への制限として政府権力への縛りが設けられている。政府がいくら強い権力を持っていても、独裁政府のように矢鱈と国民に命令出来ないように国民の権利を保証していて、条文には国民の権利である表現の自由や人権が重視されることを多く並べてある。いくら強大な権力を持つ政府であっても、国民の基本的権利を侵すことは出来ないことを示しているのだ。一方で、軍隊を持たない外交は外交でないと言われるように、独立国なのに自前の軍隊を持てないと条文に明記してあることが問題を複雑化させているのだが。

要するに、政府権力を縛る条文があることが民主主義の憲法の主旨であって、国の主人は政府ではなく、国民なのだ。無論、国民が主人と言っても、一人一人の国民が主人ではない。国民全体が主人であって、国民が税金を出し合って政治家や官僚に国の運営を委任している。だから、憲法が示すように国民への義務は納税と義務教育になる。働くのもそれに入るからといって、政府が国民に強制労働を強いることは出来ない。あくまで日本国憲法の主旨は国民の自主性だからだ。

先に述べたように、日本国憲法には防衛上の欠陥があるが、何処から来たのかと言えば、それは憲法の序文に由来する。即ち、「世界の各国は平和である」ことを前提としている。

第二次世界大戦での惨状を目の当たりにした諸国は、二度と戦争を繰り返してはならないと国連を作り、国連だけが軍隊を持つという理想を掲げ、各国に軍隊無き平和を求めた。その第一号が日本であり、そこで作られたのが日本国憲法だったという歴史的事実がありはしても、それに他国が追随しなかったせいで、現状はまるで違ってしまった。戦争がないどころか、その後は幾つかの戦争や紛争が実際に起きたにもかかわらず、国連は全く機能することが出来ないままに、この理想は潰《つい》えた。

どうしてこんなことになるのか。

人に「恣意性」があるからだ。その悪い部分が出て来たのであって、これを防ぐのは難しい。ロシアのウクライナ侵略や中国の領土拡大の野望や北朝鮮の核開発に見られるように、人に「恣意性」があることを前提にしないと全ては空理空論になってしまう。

やはり、日本にとって自国を守る軍は必要だ。なのに現状は兵器生産もままならない。確かに軍産複合体のように巨大化すると、戦争がないと会社がやっていけないという矛盾を抱えてしまう以上、巨大にさせ過ぎないことが必要になってきて難しい問題ではあるのだが。

自国を守るのにさらに重要なのは、ここまでも縷々《るる》述べてきたように「意味付けでの論理立て」となってくる。「被爆国・日本」という事実に基づいた原爆の悲惨さから来る人権擁護の立場に立てば、我が国は人類の終焉《しゅうえん》を迎えないように訴える権利を持つ唯一の国なのだ。これを実行しようと頑張っている人々は多いとは言え、世界の情勢を踏まえた現実的で鋭い論理展開をしなくては単なる空想的平和主義と取られて受け入れて貰えていないのも事実である。逆説的に言えば、これ以上の悲惨さを蒙《こうむ》らないために、日本だけが原爆を持てたとしても、どの国からも文句を言われる筋合いでない唯一の国とも言える。

確かに戦争がなく、それぞれの民族の独立を平和裏に認め合っていけば、共に発展していくことは可能だろう。しかし独裁国家においては、独裁者が己の野望を遂げようとして自国の権力の拡大を図るものだ。これも「恣意性」が人にあるからで、決して稀に起きることではない。これを踏まえれば自国を守るのは必須であって、他国への侵略は論外にしても、防衛にはしっかりした論議を踏まえた計画が必要になってくる。

「恣意性」があるのが人の特性であって、「パルマコン」のように良い方にも悪い方にも振れることがあるのを基本にして、各国の動向や自国の権力に対して注意深く目を向けることが必須なのだ。常にチェックを怠らずに問題のある政治家がいたら、選挙で落とすことが出来る。そのためには選挙に行くことが求められるが、現代はスマホやコンピューターの普及があって、これを投票に活用していく未来も模索すべきだろう。むしろ、旧態依然の選挙のやり方を打破する可能性があるのだ。というのも、選挙カーに乗っての連呼が主の選挙活動では、候補者の理念や人となりが分かりにくいからで、これをコンピュータープラットフォーム上での選挙活動にするならば、多くの人々の政治参加を呼び込んでかなりのことが出来るようになるのではないか。

ギリシャ時代のような直接民主主義への移行も夢ではない。これにはコンピューターを使えない人への対応や成りすましの問題があるが、顔認証システムも発達しているので、こういったＡＩを使えばかなりのことが出来よう。こうなれば、選挙に出るのにもお金がかからないので、誰もが候補者として名乗りを挙げられる。他にも色々な問題が起こり得るが、まずはこの移行を進めていくのが重要であろう。いずれにしても、これからどのようにしたら良いのかの討論に参加して、より良い方向に行くように常に皆でチェックしていかなくてならないであろう。

◎参考文献

『ソシュールを読む』丸山圭三郎　岩波書店
『ソシュール講義録注解』フェルディナン・ド・ソシュール　法政大学出版局
『パイドロス』プラトン　岩波文庫
『攻撃』コンラート・ローレンツ　みすず書房
『生物から見た世界』ユクスキュル　岩波文庫
『哲学的世界観』マックス・シェーラー　Independently published
『政治学』アリストテレス　岩波文庫
『罪と罰』ドストエフスキー　岩波文庫
『自由からの逃走』エーリヒ・フロム　東京創元社
『サピエンス全史』ユヴァル・ノア・ハラリ　河出書房新社
『アイデンティティ』エリク・H・エリクソン　新曜社
『存在と時間』ハイデッガー　岩波文庫
『野生の思考』クロード・レヴィ＝ストロース　みすず書房
『われらみな食人種』右同じ　創元社

『倫理学原理』G・E・ムーア　三和書房
『シンボルの哲学』S・K・ランガー　岩波書店
『異邦人』アルベール・カミュ　新潮文庫
『エクリ』ジャック・ラカン　弘文堂
『死にいたる病』セーレン・キルケゴール　ちくま学芸文庫
『方法序説』ルネ・デカルト　中公クラシックス
『省察・情念論』ルネ・デカルト　中公クラシックス
『対話　ヘーゲル『大論理学』』海老澤善一　梓出版社
『純粋理性批判』カント　角川選書
『群盗』フリードリッヒ・シラー　岩波文庫
『モモ』ミヒャエル・エンデ　岩波少年文庫

四方一偈（よも・いっけい）
1942年静岡県生まれ。静岡大学を卒業後、京都大学文学部卒業。高校教師を務めたのち、小倉庫業を起業。経営のかたわら、40年以上ドイツ語の哲学原書講読会を主宰。主な著書に『エゴ メタボリック―「自己中」的無責任への警鐘』（万葉舎）、『奇才はそばにいた！―中卒で35の特許をとった鈴木君の物語』（西田書店）、『停滞打破のための哲学的考察』（講談社エディトリアル）など

扶桑社新書　476

恣意性の哲学

発行日 2023年9月1日　初版第1刷発行

著　　者………四方一偈
発 行 者………小池英彦
発 行 所………株式会社 扶桑社
〒105-8070
東京都港区芝浦1-1-1 浜松町ビルディング
電話 03-6368-8870（編集）
03-6368-8891（郵便室）
www.fusosha.co.jp

印刷・製本………中央精版印刷株式会社

Printed in Japan　ISBN 978-4-594-09578-9